LE
FOND DU SAC

D'UN VIEUX TOURISTE

RAPSODIES ALPESTRES

1re SÉRIE

Louis VIGNET

DES CLUBS ALPINS FRANÇAIS, ITALIEN, SUISSE & DES TOURISTES DU DAUPHINÉ

Section de Lyon, Paris, Briançon, etc., etc.

CORRESPONDANT DE LA SECTION DES QUINZE-VINGTS

BOURG

IMPRIMERIE J.-M. VILLEFRANCHE

1886

LE

FOND DU SAC

D'UN VIEUX TOURISTE

LE
FOND DU SAC

D'UN VIEUX TOURISTE

RAPSODIES ALPESTRES

1ʳᵉ SÉRIE

Louis VIGNET

DES CLUBS ALPINS FRANÇAIS, ITALIEN, SUISSE & DES TOURISTES DU DAUPHINÉ

Section de Lyon, Paris, Briançon, etc., etc.

CORRESPONDANT DE LA SECTION DES QUINZE-VINGTS

BOURG

IMPRIMERIE J.-M. VILLEFRANCHE

—

1886

A vous, Mesdames et chères Collègues du Club-Alpin de France !

A vous l'hommage respectueux de ces *Rapsodies* sans méthode, sans grammaire, sans discipline !

Si vous êtes l'intrépidité, le charme, le sourire, bien plus êtes-vous, Mesdames, la courtoisie, la bienveillance et la bonté !

Plumette, — ma complice, — s'abandonne volontiers à certaines excentricités d'allures et de paroles contre lesquelles mes efforts sont impuissants.

Et — voyez-vous l'effronterie ? — elle ose encore espérer que ses péchés épistolaires lui seront pardonnés.

Entre nous, Mesdames ! que Plumette ne soit pas prise au sérieux !

L. V.

LE
FOND DU SAC D'UN VIEUX TOURISTE

RAPSODIES ALPESTRES

CHAPITRE I

LE TOUR DU MONT-BLANC

1841

§ I. — LYON-GENÈVE

En ce temps là, Mesdames, il fallait aux messageries Gaillard frères et Cie vingt-quatre heures pour franchir la distance de notre quai du Rhône à nous Lyonnais, à leur quai du Rhône à eux Genevois. Et c'était un tour de force..... de la force de quatre à six chevaux.

De nos jours, on ne va plus à Genève, on s'y engouffre.

La locomotive a broyé le postillon, ses bottes à entonnoir, sa veste galonnée et sa monumentale perruque. Elle en viendra tôt ou tard, à supprimer le voyageur, pas le diplomate en liquides ou en quincaillerie, mais le Juif... errant pour le plaisir d'errer, le touriste..... ?

Sous réserve des explosions, des déraillements, des coups de tampon ou de revolver, le chemin de fer est l'algèbre, la statique, la chimie, la science enfin dans ce qu'elle a de plus utilitaire et de plus maussade sous les douze signes du zodiaque.

La diligence était l'imprévu, l'aventure, le zigzag, l'art avec ses adorables fantaisies, son poétique débraillé. Les jambes y prenaient des crampes, mais l'esprit et l'âme s'y dilataient.

Une larme à la carriole, au cabriolet un adieu suprême, au vieux coche de nos ancêtres, souvenirs et regrets !

J'étais alors en jeunesse, ardent à l'étude, impatient de voir et de comprendre.

Ce fut donc une belle et solennelle aurore, l'aurore du 8 juillet 1841.

Vers quatre heures du soir, je débutai comme ascensionniste par l'impériale démocratique Gaillard frères et Cie. Mes rêveries montagnardes, allaient enfin recevoir une tardive et légitime satisfaction. Je courais au baptême des Alpes. En route ! Sauvons-nous !

Après Saint-Clair et son faubourg de Bresse, Miribel (*Mirum Bellum*), en mémoire de cet historique tournoi auquel en l'an 197, présidèrent Albin et Septime Sévère suivis de deux cent mille écuyers armés de toutes pièces. Leur champ-clos fut le delta du plateau des Dombes.

C'est que le prix en valait la peine. Pas l'une de vos ceintures d'or et de pierreries, ô belles filles de l'ancien *Latium !...*, mais le trône de l'Empire Romain !

A la place de Septime Sévère qui s'y vint asseoir, j'eusse préféré la ceinture...

Après Miribel, Montluel (*Mons Lucis ou Lucius*, n'ergotons pas sur les étymologies). Après Montluel, Meximieux, théâtre clérical de ma première version latine, de ce deuxième accessit en grec qui manqua faire mourir ma mère d'orgueil et de joie. Après Meximieux, Pont-d'Ain, terre promise des pêcheurs en tous genres *in utroque jure*. Après Pont-d'Ain, le sommeil.

— Monsieur ? Eh ! Monsieur ?

C'était la basse taille du conducteur qui, mariant le geste à la voix, me secouait par le pan de mon manteau.

— Eh ! bien ! quoi ? Versons-nous ?

— Gaillard frères et Cⁱᵉ ne versent jamais !

— Bah ! Une fois par hasard... Qu'y a-t-il alors ?

— Il y a que nous sommes en bas de Cerdon..., et si Monsieur voulait faire un petit bout de chemin...

— Que le diable vous étrangle !... Enfin, du moment que vous m'avez réveillé... Allons-y du bout du chemin !

Au fond, mesdames, j'étais enchanté. C'est qu'un naturel de Cerdon, le docteur R... médecin de mon village, l'un de mes bons amis, m'avait tant et tant rebattu les oreilles de *sa côte la plus belle de France*, que, la connaissant de réputation, je me faisais une fête de nouer avec elle de plus intimes rapports.

En deux bonds je mets pied à terre. Le cigare aux èvres, la canne dans la main droite, j'inaugure à minuit le petit bout de chemin qui dure, toujours montant, jusqu'à deux heures... presqu'à l'aube.

Satane Mayoral! Je te vois encore avec ta face empourprée, tes favoris en broussailles, vidant en conscience à chaque relais ta chopine de petit Bugey, caressant le menton de l'hébé en sabots dont peut-être un jour, pardevant M. le Maire, tu deviendras le Ganymède officiel... Je te vois, et n'ai plus le courage de me poser en ennemi personnel.

Le rire désarme.

La lune trouant les clairières des sapins, les lacets de la route, ici dans l'ombre, plus loin dans la lumière, les étoiles au ciel, sur la terre le char de Comté traîné par ce bon gros cheval au grelot plus sonore à lui seul que le carillon concertant de la poste voisine, là bas la cascatelle qui babille solitaire, pour rien, pour le plaisir de babiller; là haut les ruines féodales de la Bâtie, et sur le *replat* ce cabaret rustique ouvert nuit et jour au voyageur altéré par le petit bout de chemin... Ah! croyez-le, mesdames, ce sont là des tableaux, des souvenirs qui ne s'effacent jamais!

L'ancienne capitale des Nantuates a son lac, son église romane, le Saint-Sébastien d'Eugène Delacroix, un tribunal de première instance; elle avait en 1841, d'innombrables adeptes de Saint-Crépin.

Eh! bien! Si j'ai un conseil à donner à Nantua, c'est de n'être fier ni de sa cordonnerie, ni de son prétoire, ni d'Eugène Delacroix, — une royauté pourtant, — ni même de son lac, mais de se glorifier plutôt de ses queues d'écrevisses! Elles avaient ouvert au chef-lieu du troisième arrondissement de l'Ain les horizons de l'immortalité gastronomique.

Hélas ! mesdames, quel déchet !

Six mois tout au plus que, transitant par Nantua, votre conteur descend à l'hôtel de l'Europe. Réquisition immédiate de la gérante : Que désire Monsieur?

— Déjeûner, madame... Qu'avez-vous ?

— Tout...

— Je n'en demande pas autant. Voyons !... Pour entrée queues d'écrevisses à la Nantua...

Je me pourléchais d'avance. La gérante assez gentille, ma foi ! dessine un sourire de mauvais augure :

— Désolée d'informer monsieur, qu'il n'y a plus de queues d'écrevisse !...

— Une telle dérogation aux lois immuables de la nature !... Les écrevisses plus de queues ?

— Si fait !... Mais plus d'écrevisses !... Notre lac a si bien été saccagé que l'écrevisse a disparu.

— Parbleu !... La chose est claire... Crustacé antédiluvien.

Précisément... monsieur a trouvé le mot... On songe à repeupler le lac. Le sous-préfet, un amateur, s'en occupe activement... Dans quelques années peut-être... Si monsieur avait la bonté d'attendre?

— Bien obligé, madame... Je repasserai.

Au-dessus de Nantua, Sylans et ses usines à glace. Les produits s'écoulent à Lyon. On en fabrique des sorbets, pas des miroirs.

Bellegarde !. On lâche Gaillard frères et Cie pour courir à la perte du Rhône. Encore une grandeur en perdition. Le coche s'ébranle sans attendre le déserteur. Lui, prend ses deux jambes à son cou. — Système de locomotion peu recommandé, sinon dans le dictionnaire national de Bescherelle, — et le coche se rattrape à moitié côte du *Credo*, que le P.-L.-M. a si traîtreusement éventré.

Là, bruyant, terrible et mémorable conflit. Mayoral accusant le client de l'avoir mis en retard de cinq minutes et client demandant la tête du Mayoral pour avoir détalé cinq minutes avant le chronomètre que Gaillard frères et Cie fournissaient à leurs fonctionnaires.

Un cigare de contrebande offert et accepté, devient l'instrument diplomatique d'un traité de paix et d'amitié. La guerre s'en va en fumée.

Oh ! que le cœur battait vite et fort au débouché de la bastille de l'Ecluse que la route de terre traverse de porte en porte, d'un pont-levis à l'autre. Mon ami, le conducteur, du doigt sollicite mon regard...

— Hein !

— Mont-Blanc !

C'était lui, vrai Dieu ! Les chaînes secondaires se grimpaient aux épaules pour me le cacher... Allez vous cacher vous-mêmes, misérables taupinières ! Lui, dans son écrasante puissance, dans le rayonnement de sa gloire, m'attirait invinciblement.

Ne riez pas, mesdames ! Je l'ai entendue cette voix mystérieure du Mont-Blanc.

— Sois le bien venu, pauvre enfant de la plaine ! La foi de la montagne est dans ton cœur... Viens ! viens !

Deux heures d'entraînement sur une route admirable... Genève... Déjà !

Si les tempêtes de la politique me condamnaient un jour à chercher un port de refuge, — on ne sait pas, tout arrive, — je mettrais le cap sur Genève.

Vous aurez beau dire, Mesdames, vous les élues de la grâce, de l'élégance, de l'esprit et de la distinction, que Genève vit et meurt sur les rives de son lac de fées, avec la précision de ses ressorts de montre, que les hommes y sont maussades et les femmes *insou-riantes*, les enfants affreusement fagotés.

Je m'en veux, sur ce point — le seul, grâce à Dieu ! — de ne pouvoir partager vos vues et de rester vis-à-vis de mes belles compatriotes dans le camp de l'opposition... parlementaire, entendons-nous bien, tout ce qu'on peut rêver de plus parlementaire.

Non, Mesdames, non. Les sciences et les arts, le commerce et l'industrie, la charité, l'entrain — assistez à leurs fêtes fédérales ou privées, — ont là droit de cité, sont bourgeois de Genève.

Et leurs millions ! Où diantre en vont-ils faire la cueillette ? Car si Genève a son demi-dieu, Calvin, plus encore a-t-il son dieu complet, tout d'une pièce, Plutus !

L'oncle Napoléon disait un jour : Si je voyais un Genevois se précipiter d'un troisième étage dans la rue, je n'hésiterais pas à lui servir de compagnon de route, certain d'avance qu'au bout de la culbute il y aurait une prime à toucher... sans compter le trottoir.

Un seul reproche à Genève, Mesdames ! Et ce reproche est-il encore presque un hommage à son hospitalité traditionnelle. Trop de blondes misses, trop d'insulaires aux favoris de nuance carotte, à parapluies articulés, brevetés par sa gracieuse Majesté la reine Victoria.

Une historiette à ce propos. Si vous l'avez lue, Mesdames, passez. Mais n'en détournez pas les autres.

Il était une fois un fils de la libre Angleterre qui désirant faire le tour du lac Léman avait engagé un voiturin. De son côté le dit voiturin s'était fait fort de montrer à l'Anglais ledit lac dans tous les sens, au tarif de trente francs la journée. Le véhicule appartenait à cette catégorie de brouettes centenaires remisées aujourd'hui dans nos musées des arts et métiers, marchant non devant soi, comme un fiacre qui se respecte, mais de gauche à droite ou de droite à gauche, suivant l'orientation, bref à la façon des crabes.

Or, un beau matin notre touriste s'emballe dans le coffre, traverse le Rhône au pont des Bergues, cotoie la rive suisse jusqu'à Villeneuve, retrouve au Boveret le même Rhône qu'il enjambe *iterum*, revient sur ses pas le long de la rive savoyarde, que les indigènes s'entêtent à nommer la rive savoisienne, se fait ouvrir à Douvaine la porte cantonale de Genève et déposer sain et sauf devant l'hôtel de la Couronne, son point de départ.

Total : quatre journées à trente francs, douze pistoles ! Pourboire en sus.

L'automédon tendait sa main grande ouverte. L'Anglais retire la sienne hermétiquement fermée :

— Môa, pas payer vôs !

— Et pourquoi, vôs pas payer môa ?

— Vôs, avez promis môa faire voir la petite lac... Et

— Et... milord ?

— Vous l'aviez pas faire voir môa...

Milord avait raison. Cloué dans sa caisse, immobile comme le sphinx des pyramides, milord avait tourné le dos au lac, aller et retour. Milord n'avait pas vu du Léman, ô mes sœurs en alpinisme ! la largeur d'un de vos mouchoirs de batiste frangés de Valenciennes. Milord était volé.

Ce qui fit que, requis de statuer, le juge de paix donna tort à la Grande-Bretagne... avec dépens.

Le soir même, par voies rapides, l'Anglais regagnait son île, disant pis que pendre de Genève, de ses voiturins et de ses juges de paix.

En attendant, j'avais à cœur de faire pour mon compte personnel, non le tour *de la petite lac*, à la mode anglaise, mais la course de Genève aux bains de Saint-Gervais, puis à Chamonix.

Il y avait déjà, même à cette époque perdue dans la nuit des temps, un service presque régulier de diligences pour Sallanches et Saint-Gervais. Excès de clientèle fournie par les trois royaumes, interdiction de stopper devant les sites recommandés, deux motifs pour traiter la messagerie de quantité négligeable.

D'un autre côté, frêter une voiture particulière me semblait hors de toute proportion avec les crédits anémiques portés au budget d'un notaire rural.

Indécis et perplexe, voilà ce que j'étais, Mesdames, lorsque sous la blouse d'un cocher savoyard, l'ange du tourisme me vint tendre, au coin de la Corraterie, une main secourable, quoique malpropre.

— Monsieur va *dans* Chamonix?

— Tiens! tiens! où voyez-vous cela?

— L'habitude... Je suis de Sallanches, voiturier de mon état... et comme je suis en retour...

Etre en retour, se dit de l'opération financière du voiturin qui, ayant piloté un ou plusieurs touristes, rentre à vide en ses foyers. Le prix se cote alors à cinquante pour cent au dessous du cours. Voyageurs et cochers y trouvent leur compte. Seul, en raison du chargement imprévu sur lequel lui ne comptait pas, le cheval aurait le droit de protester; mais vu que le cheval ne proteste jamais, on passe outre.

— Et comme ça, mon brave, vous êtes en retour!

— Que oui, monsieur... Et que si même monsieur voulait me donner la préférence...

— Tout dépendra du prix,.. combien?

— Quinze francs!... Est-ce trop?

— Hum!

Honnête Allobroge!... Sans sa barbe de huitaine, je lui aurais sauté au cou.

— Et votre charrette?

— Un tilbury!... tout neuf, s'il vous plait, remisé à deux pas d'ici.

— Voyons!

— Voyez!

Inspection faite, le tilbury, simple patache découverte, avait droit tout au plus au titre de *tape-dos*. En somme, ce qu'il fallait à mes vingt-sept printemps.

— Quinze francs! Touchez-là, mon brave... mais à une condition.

— Voyons !

— Voyez !... vous pousserez jusqu'aux bains de Saint-Gervais.

— Une lieue de plus... Prout !... ce n'est pas une affaire... Entendu !...

— A demain donc... Votre nom ?

— Jacques, fils de...

— Parfait !... on ne demande pas votre généalogie.

§ II. — GENÈVE-CHAMONIX

Demain se trouvait être un dimanche. A cinq heures précises, fièrement campé sur le pseudo-tilbury de Jacques, je roulais sur la grande route internationale de Genève à Sallanches. Des gazes transparentes estompaient le lac et les montagnes. Bon signe. Se levant derrière les Voirons, de ses premiers rayonnnements dorant les crêtes du Salève, le soleil semblait leur dire à tous : Mes enfants vous allez recevoir une chasse !... De fait, la chasse fut donnée.

A moins d'une heure de la ville, un ruisseau de dixième grandeur limitait alors une république et un royaume constitutionnel; il sépare aujourd'hui deux républiques. La plus grande est-elle la plus florissante? On cherche...

Le Foron coupe en deux les beaux villages de Chêne et d'Annemasse, il garantit à chacun son autonomie et sa croyance. Ici le temple et son pasteur, là l'église et son curé. Saint Pierre et Calvin vivant, paraît-il, en assez bonne intelligence et se tendant la main par dessus le torrent mitoyen.

Jusqu'ici notre ami le Mont-Blanc se laisse voir même à l'œil nu du myope le plus endurci; mais si le long des soixante kilomètres jalonnant la route, les touristes doivent l'avoir pour toile de fond, ils en auront la satiété, ils se blaseront. L'un des plus grands effets de la nature sera manqué.

C'est ce que de toute éternité comprit le souverain maître de la terre et des cieux. Il s'avise donc un jour de réunir en comité secret son corps paradisiaque des ponts et chaussées sous la présidence du saint patriarche Moïse qui l'était veuu chercher au Sinaï, la première ascension qui soit décrite, comme chacun sait, au livre saint par excellence, la Genèse.

La séance ouverte, le président prend la parole :

— Le bon Dieu ne serait pas fâché de trouver une digue, une muraille, n'importe quoi, de nature à masquer le Mont-Blanc...

—Tonnerre de Brest! riposte un autre patriarche, notre grand-père Noé, jurant volontiers en marin qu'il fut, sous prétexte qu'il avait, en plein déluge universel, navigué à bord du trois mâts qui lui doit son nom, et l'avait fait manœuvrer jusqu'au pic de l'Ararat en Arménie (5.400 mètres).

(NOTE). Je m'attends à recevoir dans un avenir prochain le billet rose et parfumé de quelque aimable lectrice, pourvue par surcroît de son brevet supérieur. On m'y fera ce doux reproche d'avoir réclamé pour Moïse et le Sinaï, la priorité des ascensions consignées dans les manuels de l'alpinisme, tandis que la course à l'Ararat l'aurait devancée de plusieurs siècles.

Pardonnez, chère Madame! L'Ararat fut non pas volontaire et facultatif, mais obligatoire au premier chef. Impossible à notre capitaine au long cours, Noé, d'amarrer son arche ailleurs. Le Mont-Blanc lui-même était une roche sous-marine. Pas un pèlerinage l'Ararat, mais un port de refuge.

... Et Maintenant Plumette!... Plumette ma secrétaire intime que j'ai l'honnenr de vous présenter, Mesdames, reprenons nos caquelages où nous les avons laissés.

— Tonnerre de Brest! Nous avons, je crois, notre affaire.

— Qu'avez-vous ; Noë ? Dites vite ?

— Tout près d'ici, cher Président, le Môle qui se croise les bras par suppression d'emploi... une fière pyramide admirablement proportionnée... deux mille mètres d'altitude... On parle des joujous de Cheops et des Pharaons... Tanpinières! trous à rats ! Prenons le Môle, mes frères ! Faisons le porter au centre de la vallée de l'Arve. Plus de Mont-Blanc en perspective ! Le Môle lui servira de rideau, de paravent, de garde feu.

— De garde-neige plutôt ! — murmure en frôlant de ses ailes les voûtes de la salle du Comité, certain petit ange blondin, élève ingénieur qui, d'aventure, rôdait par là. Délit contre la discipline. Le pauvre angelot en fut pour ses trois siècles d'arrêts forcés.

Trois siècles ! Une misère, rien, pas même le millionième d'une seconde au cadran de l'éternité.

De tout ceci, pour nous mortels, il résulte que le Môle, ce gringalet relatif, supprime à titre provisoire le monarque qui fait le mort. Il ne ressuscite qu'au moment fixé par Dieu. — Et quel moment! attendez, Mesdames !

Capitale du Faucigny, depuis l'annexion chef-lieu d'arrondissement en Haute-Savoie, Bonneville fait, très placidement sa sieste entre les bases du môle et les berges de l'Arve, un mauvais coucheur, je vous en préviens.

Nous entrâmes à Bonneville à l'heure de la messe et du déjeûner. Mourant de faim, nous dûmes sacrifier la nourriture spirituelle à la temporelle. Un grand péché, Mesdames! Punis en ce monde, — le déjeûner fut exécrable, — que Dieu nous le pardonne dans l'autre !

Après Bonneville le paysage prend résolûment un grand air alpestre. Tortueuse, resserrée entre les escarpements du Brézon et le Saint-Sigismond encore saupoudré de neige, la vallée va se faire étrangler vers la petite ville de Cluses, laissant un très étroit passage à la route et à la rivière d'Arve qui, acharnées, se disputent l'espace, et encore la route n'a-t-elle pas toujours le dessus.

Cluses et son défilé franchis, salut à Magland !

Oh! la douce et verte oasis enfouie dans cette enceinte de rochers et de couloirs neigeux !... Une chaumière et son cœur! hum ! En cherchant bien ; c'est peut-être à Magland qu'on retrouverait le texte original, le palimpseste du cœur et de la chaumiè e, sous ce fouillis de vergers, de noyers, de prairies et de fleurs, à deux pas de cette source cristalline qui va bientôt, insouciante, jeter ses perles aux furies de l'Arve.

— Pan ! Pan ! Pan !

Le cheval se cabre, le tilbury frissonne, un sursaut menace de me faire passer par dessus bord, le voiturin jure comme un sapeur de la ligne :

— Encore son s... canon !

— Quel canon ?

— Le canon de la grotte.

— Quelle grotte ?

— La grotte de l'écho...

— Quel écho ?

— L'écho du canon...

— Quel canon ?..

— Non de nom ? Le canon de la grotte, donc !

— Ah ! çà... Jacques mon ami... Nous tournons dans un cercle affreusement vicieux... Avec votre grotte, votre canon et votre écho, vous avez l'air de me faire poser... Voyons, voyons, débrouillons-nous !

— Monsieur ne sait donc pas ?

— Monsieur ne sait rien, pas le premier mot de votre artillerie de montagne...

— Que sur cette coquine de muraille à pic, là bas..., à gauche..., vous ne voyez pas ?

— Allez toujours !..

— Nous avons la grotte de Balme...

— Je la croyais fixée en Dauphiné, sur les bords du Rhône. Aurait-elle déménagé ?

— Ce doit être une autre Balme... La concurrence...

— Vraisemblablement... Voyons toujours, Jacques... Faites vite !

— Pour lors les voyageurs se font un devoir de grimper à la grotte... Leur idée, quoi ! Enfin !.. Et rapport à l'écho.

— Ah ! il y a un écho ?

— Allons, bon ! Et le boucan de tout à l'heure !...

— Je l'avais oublié, pardon ! Et vous dites ?

A ce moment le cheval est saisi à la bride par les mains combinées d'une matrone taillée à coups de hache

et d'un beau garçon de dix-huit à vingt ans. L'équipage
stoppe net et court ; je finis par comprendre.

La matrone était propriétaire ou fermière de la Balme,
aubergiste à ses moments perdus. Le gars était son
planton chargé d'amorcer le canon et... les curieux. Il
se tenait encore mêche allumée..., le malheureux !

Venu pour voir, il fallait voir ou faire faillite au programme. Mauvais début dans les affaires. Je laisse
Jacques en tête à tête avec son demi-litre et la dame
du lieu, puis sous la sauvegarde de l'artilleur j'attaque
la forteresse le long de laquelle serpente une corniche
pouvant faire la joie des cabris, mais très antipathique
aux chrétiens.

En trois quarts d'heure d'efforts, de vertige et d'essouf-
flement, on se trouve perché sur une toute petite esplanade utilisée comme buvette par le visiteur altéré. Au
fond, la grotte dont l'orifice produit d'en bas l'effet
d'une porte cochère ouverte dans une mansarde.

Armé de la torche réglementaire, je pénètre dans les
entrailles du monstre. Parmi les vingt et quelques
cavernes qu'il m'a été donné d'explorer, la Balme de
Magland me semble tenir un rang très honorable. J'en
ai peu vues d'aussi bien douées, d'aussi riches en stalac-
tites et en stalagmites obligeant l'homme à se peloton-
ner comme un chat guettant une souris.

A quelques centaines de pas de la porte cochère,
arrêtez-vous, Mesdames ! Vous êtes au bord d'un gouffre,
d'un puits naturel dont quelque notabilité de l'institut,
section des sciences, pourrait seule, à un centimètre près
calculer la profondeur par le poids des corps dans le
vide, le carré des distances, par son arsenal d'armes

offensives et défensives en A+B auxquelles nous
devons, vous et moi, nous applaudir de ne rien comprendre. Mon expérience fut plus élémentaire. Je pris une
pierre à ma portée, et la lançai vivement dans le puits
perdu qui me répondit par une salve d'échos tonitruants.
Je me déclarai très satisfait.

L'inspection achevée, je reviens à la lucarne, tout
guilleret de revoir la lumière du jour. Le guide n'oublie
pas de me présenter le livre des touristes, recueil de
signatures, de sentences peu ou prou humoristiques, le
plus souvent, hélas ! miraculeusement idiotes.

Si l'on vous parle, Mesdames, d'une légende napoléonienne, d'une sorte de drame joué sur la terrasse de
Balme, n'en croyez que la moitié, vous ferez bien ; et
cependant...

Un touriste anglais, presqu'un vieillard, s'apprêtant
à partir, venait de s'inscrire au registre. Entre un autre
visiteur, celui-ci jeune et Français. Il jette un coup d'œil
au livre ouvert, pâlit et se tournant vers l'Anglais :

— Cette signature,

— Que vous importe ?

— Une fois encore, Monsieur... Cette signature ?

— Est la mienne...

— Très bien... Vous allez, cela étant, la biffer de
suite, non par la plume, non par le doigt, mais... avec
la langue...

— Jamais !

— Très bien... Au fond de cette caverne se creuse,
m'a-t-on dit, un puits mystérieux et insondable... Je
vous déclare sur l'honneur, Monsieur, que dans dix

minutes vous en aurez touché le fond si votre nom
souille encore...

— Et de quel droit?

— Je suis... le prince Louis-Napoléon!...

La signature fut effacée conformément au programme.
Le signataire? Sir Hudson Lowe, l'homme de Sainte-
Hélène!

Pas un mot de plus, Mesdames! On nous prendrait
pour des bonapartistes.

De retour à Magland, en règle avec l'addition, j'allais
prendre congé de la châtelaine de Balme :

— Monsieur est de France?

— A votre service...

— Quelle ville?

— Lyon !

La grosse femme rougit, l'artilleur rougit, je rougis
de confiance et nous détalons au grand trot.

— Dites donc, Monsieur, fait Jacques après un temps
de silence, vous avez vu cette commère?

— Oui certes... elle se porte bien.

— Hum ! Pas moins tout de même, ce n'est pas
sans l'avoir échappé belle.

— Vous badinez?

— Monsieur va voir si je badine... Elle est aussi de
Lyon, la brave femme.

— Bah! Si j'avais su je lui aurais donné des nouvelles.

— Et Monsieur aurait fait une fameuse...

— Une fameuse... quoi?

— Monsieur me coupe toujours... Figurez-vous que
vers 1825 ou 1826 la fermière de Balme était devenue

l'*épouse* en troisièmes ou en quatrièmes noces d'un fier Jean-F..., le nommé, le nommé...

— Le nommé L... n'est-ce pas ?

— Précisément... un chenapan n'en finissant pas de tuer ses épouses et ses enfants... Pour lors on l'a guillotiné comme de juste à Lyon... place... place...

— Des Terreaux...

— Nom de nom ! Monsieur sait donc tout ?

— Parbleu ! De sorte que cette pauvre femme ?

— Est la veuve L...

— Et l'artilleur ?

— Leur fils ! Pas moins, n'est-ce pas, Monsieur, qu'ils auraient certainement passé un fichu quart d'heure, si...

— Assez, mon ami, assez !

Une telle rencontre ! J'en devins pour le coup triste et rêveur. L'un de mes souvenirs d'enfant, de ces souvenirs qui ne s'oblitèrent jamais, était d'avoir vu défiler, sous les fenêtres de la maison paternelle, le lugubre cortège du misérable dont le nom reste encore légendaire en nos pays lyonnais.

La sauvage et puissante nature qui m'entourait me vint bientôt arracher à cette funèbre apparition. Une chute d'eau tombait à pic de toute la hauteur d'une paroi verticale de deux cents mètres, mais si mince, la chute, si fluette, que le plus léger souffle de la brise la réduisait en poussière. On eut dit une carafe d'eau fraîche versée de la terrasse de Fourvière dans la Saône.

— Jacques ?

— Monsieur...

— Quel nom ce filet ?

— Cette cascade ?

— Va pour cascade, si vous y tenez...

— Le Nant d'Arpenas.

— Bravo !... Si j'étais quelque chose au conseil communal de Magland, je sais bien le nom que je lui flanquerais.

— Lequel ? sans commander à Monsieur.

— La pisserette d'Arpenas !

(Chœur de dames.) Oh ! Monsieur ! de grâce !

— Eh quoi ! bienveillantes lectrices, une telle levée de boucliers contre un homme seul ! Heureusement cet homme seul a ses auteurs.

— Citez vos auteurs.

— 1° Pissevache en Valais... une terrible chute, allez !

2° A Bruxelles en Brabant, le Manneken-Piss, le palladium de la cité. On peut là-bas toucher à la couronne royale, au parlement, à la constitution, mais au Manneken-Piss.., essayez, rien que pour voir. Ah ! la belle révolution, savez-vous ?

3° Dans notre France, dans notre ville de Lyon, n'avions-nous pas, avec pièces à l'appui, la rue de l'enfant qui...

— Assez, Monsieur, assez ! On a débaptisé la rue.

— Parbleu ! On en débaptise bien d'autres !

4° Racine pour clore la série, Mesdames ! Votre tendre et chaste Racine... Son immortel hémistiche des Plaideurs, à propos des caniches orphelins, objet du litige :

— *Tirez... Ils ont pissé partout !*

— Voyons, Mesdames, à mon tour, ai-je assez tiré bon parti de mes auteurs ?

— Oui, oui... mais ne recommencez pas.

Au dernier promontoire de la vallée, entre l'aiguille de Varens, (2.611 m.) et la pointe d'Arreu (2.468) s'élancent et défilent ainsi qu'en un diorama babylonien, sous le regard du touriste ébahi, un pic, deux pics, trois pics, le dôme du Goûter, la calotte du Mont-Blanc, et à la suite un entassement de cornes, d'obélisques, de rochers, de neiges et de glaciers, enchevêtrés, pelotonnés, se coudoyant, se superposant à l'envi, du col de Balme, frontière du Valais au col du Bonhomme en pays de Tarentaise.

Telle fut, Mesdames, la minute psychologique, le lever de rideau, le coup de théâtre que je devais aux patriarches Moïse et Noé par délégation du Bon Dieu, et finalement au petit môle dont ils avaient fait un si judicieux emploi.

Le soleil n'éclairait plus la vallée. La grande chaîne aux flancs de laquelle flottait une écharpe de gaze diaphane se fardait des plus riches couleurs de la palette céleste... un mélange aérien, un panachement de rose, d'orange, de violet. Du bout ferré de mon bâton, j'aurais juré pouvoir égratigner le géant Amadastor des Alpes. J'étais loin de compte ! Trois grandes lieues à vol d'oiseau m'en séparaient encore.

Oh ! quelle splendeur ! quelle majesté sereine ! que de magnificences dans ce merveilleux lointain ! que de battements du cœur et des mains. Campés au beau milieu de la route, moi comme un imbécile, Jacques comme un habitué, mais toujours bon, loyal et patient serviteur, il fallut pour m'arracher à cet extase, à cette inconsciente immobilité, que les derniers rayons du soleil couchant eussent pris congé de nos cîmes. Leurs nuances pouprées pâlirent à leur tour, faisant place au blanc le plus mat, au blanc du linceuil.

O transfiguration soudaine! La vie tout à l'heure, présentement la mort!

Le village de Saint-Martin laissé à gauche, la cité de Sallanches laissée à droite, l'équipage trotte allègrement vers les bains de Saint-Gervais, lieu d'étape.

Sallanches et Cluses sa voisine avaient été jusqu'alors deux villes de mélèzes et de sapin, noires, enfumées, biscornues, tire-bouchonnes... agglomérations Savoyardes au premier chef.

Aujourd'hui plus. Le feu y a mis bel ordre. 1840 Sallanches, Cluses 1844, flambée générale, et ce fut grand dommage.

On a beau dire que le Phénix renaît de ses cendres. Un axiome, rien de plus. Le Phénix est devenu cette compagnie française d'assurance dont les primes sont exorbitantes. Ses actions font bonne figure à la bourse. Si vous avez des capitaux en grève, ne craignez pas, mes sœurs! d'en acheter.

Le Phénix indemnise, mais ne fait pas renaître. Ainsi de Cluses et de Sallanches. Ces rues rectilignes, spacieuses, peignées et endimanchées ne vont plus au paysages. Pour ressembler à nos rues de la République, il y manque, ô bonheur! des colonnes lumineuses et des marchandes de journaux.

Une heure après, la caravane se remisait aux bains de Saint-Gervais. Elle dîne, se couche et s'endort au bruit du Bonnant qui, derrière l'établissement, exécute

des cabrioles bien autrement tapageuses que celles
d'Arpenas.

Avant de m'aller mettre au lit, j'avais liquidé mes
affaires avec mon voiturin. Le voyant tourner son
chapeau, se gratter l'oreille et se dandiner d'une jambe
à l'autre, je me demandais en à parté, si, inconsciem-
ment, je n'aurais pas fait un escompte sur la facture
ou lésiné sur le pourboire.

— Jacques, mon ami, vous êtes soucieux... Il y a
quelque chose.

— Presque rien.

— Quoi encore ?

— Monsieur se rend *en* Chamonix ?

— Vous me l'avez déjà prédit hier.

— Je ne démentirai pas monsieur...

— Alors ?

— Alors... comme pour Chamonix nous avons deux
routes... la...

— La route d'en bas... en char par le lac et la cascade de Chèdes, Servoz, le Pont Pellissier...

— Ta ! ta ! ta ! Monsieur en sait presqu'aussi long
que moi...

— Merci, Jacques, merci !

— De plus le chemin à pied et à cheval par Saint-
Gervais le village, le col de Voza, le pavillon de Bellevue, le...

— Demande excuse... Mais où diantre Monsieur a-t-il
si bien appris nos routes ?

— A l'université de Couzon au Mont-d'Or.

— Fichtre ! Et c'est loin ?.. Et qu'y fait-on ?

— Des géographes et des moellons...

— Vous m'en direz tant... Pour lors, Monsieur n'a plus besoin de mon tilbury?

Son tilbury, toujours... Il y tenait... qu'y faire mesdames? Un dogme, un article de foi...

— De nouveau merci. J'irai à pied.

— C'est... c'est que pour lors, comme il vous faut un guide.

— Assurément...

— Je pourrai, sans me flatter, vous en offrir un fameux... l'aîné de mes garçons... un autre moi-même... Jacquot!

— Jacquot? Bravo! J'en suis, ça me va... Je lui demanderai s'il a déjeûné... Eh! Eh! Dites donc, père Jacques, vous devez être marié...

— Si cela se demande? vingt-cinq ans à la Notre-Dame de septembre...

— Beaucoup d'enfants?

— Huit...

— Bon! La dynastie Jacobite croit et multiplie selon les formules de l'Evangile.

— Que voulez-vous, Monsieur?... *Dans nos misérables vallées...*

— Bien, mon brave!... Vous ne vous doutez pas d'une chose?...

— De quoi, monsieur?

— Que vous êtes un grand moraliste...

— Pas possible!

— Dès les quatre heures du lendemain j'étais habillé, chaussé, guêtré, sous les armes, le cœur débordant de joie. J'allais entrer en scène, affronter mon premier col. Jacques père me présente Jacquot fils, jeune et solide gaillard, à la figure énergique, aux mollets... de ces mollets qui ne restent jamais en route.

Le gars charge sur ses épaules mon sac qui ne semble leur peser plus que s'il était bourré de coton cardé ; il me tend le bâton ferré, l'alpenstoch, un sceptre lui aussi... le sceptre de l'indépendance, de la royauté montagnarde. Je serre la main au père Jacques qui me pronostique un bon col de Voza ; Jacquot s'ébranle... Partis !

Le ciel est d'azur ; pas un nuage. Le soleil prend son envolée par delà le col de Balme.

Jusqu'au bourg de Saint-Gervais, oasis nouvelle, bon chemin de mulets. Mais, à partir de la dernière maison, escalade effrénée par un sentier qui crochète raide ; plus haut les pâturages et les sapins, plus haut toujours les rochers et les gazons ras sertis de neige en fusion. On se trouve collé aux assises du Mont-Blanc qui se dérobe à la vue.

Faisant volte-face pour souffler comme un marsouin, j'avais sous les pieds la riante vallée de Montjoie tout entière, à droite le Mont-Joli, à gauche les aiguilles de Tré-la-tête, de Miage, de Bionnassay, de vingt autres janissaires du Sultan de la Savoie. A portée de main le glacier de Bionassay, boa monstrueux dont les anneaux se déroulent et la gueule formidable va s'ouvrir pour dévorer ce pauvre Saint-Gervais qui, cependant, ne lui a jamais fait du mal.

Quatre heures d'ascension suffirent pour attteindre le pavillon de Bellevue, poste avancé sur l'arête du col de Voza (1,812 m.) On m'y servit un déjeûner quelconque, le cadet de mes soucis. N'avais-je pas sous les yeux dans tout son développement la vallée de Chamonix? Et, de mon Belveder je contemplais ce que j'avais si ardemment souhaité, ce que je souhaite à la plus belle moitié du club alpin Français.

Trois heures d'une dégringolade savamment dirigée par Jacquot, mon cornac, me firent aborder à l'hôtel de la Couronne.

J'étais au Prieuré de Chamonix!

§ III. — BRÉVENT

L'Etat civil de Chamonix a fait battre la campagne à des armées d'étymologistes. L'encre coulait à flots. Pas d'accidents de personnes.

A mon premier voyage (1841), la vallée et le Prieuré se nommaient carrément Chamouny. Vers 1854, Chamonix déploie l'étendard de l'insurrection. La lutte se prolonge jusqu'en 1861, date mémorable de l'annexion de la Savoie à la France, de la révocation officielle de Chamouny supplanté par cet intrigant de Chamonix.

Une telle usurpation me blesse. Cet X, de pacotille, un parasite, un algébriste m'agace. Je m'en tiendrais à Chamouny, vieux style, s'il n'était d'un bon citoyen de s'incliner devant la loi et l'autorité préfectorale d'Annecy.

L'étiquette, me direz-vous, Mesdames, a beau se transformer, la chose reste. Soit, mais les noms aussi, les noms ont leur prestige. Si, par exemple, sous les initiales A ou Z il vous fallait aimer ce qui vous fait battre le cœur sous tout autre signe alphabétique, ou je me trompe étrangement ou vous ne pourriez pas.

Chamonix voyait s'ouvrir il y a quarante-cinq ans, trois hôtels ni plus ni moins, Londres et Angleterre aux Anglais naturellement, Union aux Russes, Couronne aux Français.

En juillet, le Mont-Blanc inaugure à peine sa saison.

Les dilettantes ne se pressent pas aux guichets. Toutefois, alors que Londres et Union se voyaient à la veille d'être pris d'assaut, la Couronne tenait du Sahara. Deux voyageurs : Monsieur S... Directeur de théâtre à Paris, et votre humble reporter. La salle à manger fondait en larmes, les casseroles grinçaient des dents, les fourneaux ronflaient des élégies.

Notre hôtesse était la veuve de l'un de ces héros obscurs, émules de Jacques Balmat, qui frayèrent à l'immortel de Saussure la route du Mont-Blanc. Lui et l'un de ses proches portaient de compte à demi le poids de leur couronne. Mais, après la mort de l'aîné, le junior désertant l'association, passait armes et bagages à l'ennemi. Retranché à Londres, il ouvrait contre son ancienne alliée le feu d'une concurrence à bout portant.

D'autant mieux choyés que nous étions les seuls et les premiers, — l'étrenne de l'année — nous prîmes en grande sympathie la pauvre vieille femme. Nous lui inspirâmes du courage et lui fîmes le serment solennel de prôner sa Couronne chancelante, de la recommander à nos amis connus, surtout à des amis inconnus, le public.

Pour S., fort répandu dans le journalisme parisien, cela marchait tout seul. De mon côté, Mesdames, j'avais mes entrées dans certaines coulisses de la presse lyonnaise. Il n'en fallut pas davantage pour redorer la Couronne et faire miroiter ses diamants. Nous exécutâmes notre duo de grosse caisse avec de si brillantes variations qu'en fin de saison notre protégée, adressait à chacun de ses virtuoses des actions de grâces, une boîte de l'excellent miel du pays, et ses regrets de ne pouvoir leur expédier le glacier des Bossons.

Depuis de longues années, la digne veuve est allée rejoindre son *homme*... Dieu a réuni ces deux âmes. Il leur fait admirer d'en haut ce Mont-Blanc qu'ils avaient tant et tant contemplé d'en bas.

(Première parenthèse). — Les auberges du temps sont perdues..., perdues comme la diligence Gaillard frères et Cie. En place de nos posadas semi-rustiques, ni trop vastes ni trop exiguës, au sapin quotidiennement fourbi, proprettes, desservies par de fraîches et robustes savoyardes en toilette nationale, où tout était serviable et hospitalier, où la carte enfin ne faisait pas dresser les cheveux sur la tête.. Oui, Mesdames ! au lieu de ces choses avenantes et de bons souvenirs, que trouvons-nous, je ne dis pas à Chamonix seulement, mais partout dans les Alpes, — sinon peut-être les Dauphinoises ? — de gigantesques caravansérails, créés, exploités par des sociétés en commandite par actions, sillonnés par des phalanges de gérants, de sommeliers, de marmitons, de valets de chambre cosmopolites, l'échine courbée devant l'Anglais et l'Allemand, rogues aux autres nationalités condamnées journellement à leur rappeler ce qu'ils sont... *fachini !*

Le faux luxe où s'épanouissaient le moyen bien-être et la bonhommie. On appelle cela, civilisation ? Je veux bien. Espérons alors, le progrès aidant, qu'on finira par mettre un fanal à la cîme du Mont-Blanc, par balayer deux fois la semaine, le chemin vicinal traversant la mer de glace du Montanvers au chapeau par le Maupas.

Fuyons, mes sœurs ! fuyons ces casernes comme le coin d'un bois mal famé. Dans la plupart des étapes alpestres je sais de bons petits reposoirs tiers-état, où je ne manque jamais de demander asile.

(Seconde parenthèse). — Après cette croisade contre les grandes usines à table d'hôte, parlons des guides chamounards.

Ces Messieurs forment une corporation. Ils ont leurs examens, leur stage, leur règlements, leurs privilèges, leur musique, et pour comble leur discipline appliquée par un guide-chef placé lui-même sous la baguette de l'autorité locale...., absolument comme en France, nos huissiers.

Eh ! ne sont-ils pas les huissiers du Mont-Blanc ?

Le salaire est tarifé. Si j'osais, je dirais : *Salé..,* mais je n'ose pas. Tant pour l'homme, tant pour le mulet. Tant pour la mer de glace, tant pour la Flégère, tant pour le Jardin, tant pou le Mont-Blanc lui-même. Prix fixe, rien à marchander, pas même à choisir, sinon pour des circonstances exceptionnelles, minutieusement déterminées dans la charte de nos guides remaniée sans doute depuis sa promulgation, mais en somme, à peu près immuable.

Dès lors, pas de concurrence. Chacun son tour, et le touriste pour tous. Tant mieux si vous tombez bien ; si vous tombez mal, tant pis.

Seulement vous ne pouvez guères tomber mal.

Entassez tout ce que votre intelligence exquise saura combiner d'instinct, de bravoure, d'adresse et de sang-froid. Ajoutez je ne sais quelle belle humeur monta-

gnarde, des récits de voyages... Eh ! eh ! parfois drola-
tiques, des légendes à pleines mains, des attentions
délicates, respectueuses envers les dames... et vous
n'aurez pas encore le guide de Chamonix, l'un des types
les plus réussis de la grande chaîne centrale des Alpes
Pennines.

Vous n'aurez garde, Mesdames, de vive voix ou par
correspondance, de me demander ce qu'est devenu
Jacquot. Faisons lui nos adieux. Ses fonctions expiraient,
hélas ! au seuil de la Couronne. Une fois là, corps et biens,
le touriste devient le monopole du guide chamonard.

(Troisième parenthèse et dernière). — La vallée
de Chamonix, si je voulais entreprendre sa description,
me semble reproduire assez fidèlement le pont d'un
navire mesurant environ vingt kilomètres ; l'arrière à
l'est au col de Balme, l'avant à l'ouest, au pavillon de
Bellevue, notre vide-bouteille d'hier. Mille mètres au-
dessus du niveau de la mer jusqu'à la ligne de flottai-
son. Pour bastingages de tribord ou de droite les Aiguilles rouges, antinomie flagrante, moins rouges que
blanches. Un de leurs points culminants est le Brévent
que nous gravirons tout à l'heure. Au sud enfin, une
muraille, un alignement de pilastres granitiques s'élan-
çant d'un seul jet à trois ou quatre mille mètres d'altitude ! On dirait les flèches d'une basilique aérienne
chargées de soutenir la voûte du ciel.

Au rez-de-chaussée de la vallée, à son entresol, des
vergers, des prairies, quelques carrés de seigle et de
pommes de terre, deux torrents, l'Arve et l'Arveyron,
celui-ci dévoré par celui-là, un bourg, le Prieuré, chef-

lieu de l'endroit, résidence d'un juge de paix et d'une brigade de gendarmerie, deux villages, les Ouches et l'Argentière.

Aux premier et second étages, sapins, mélèzes, hêtres, cascades, tout le personnel des nymphes et des hamadryades rattachées à la direction générale des eaux et forêts de France.

Aux étages supérieurs, les pâturages, les éboulis, les couloirs d'avalanches, les névés et les glaciers, les obélisques d'Argentière, du Midi, du Dru, les Aiguilles Verte et du Goûter, crevassés, fendillés, *éclapés...* l'abomination de la désolation !...

Et pardessus les toits, ainsi qu'une monstrueuse mansarde, le Mont-Blanc (4.810 mètres), se chauffant au soleil.

Avec une compagnie même de garde nationale ou de pompiers, je voudrais rendre inabordables chacune des deux gorges par où l'envahisseur essaierait de se faufiler à Chamonix.

C'était, au Moyen-Age, l'une des vallées maudites. Les voyageurs Pocok et Wyndham en furent les Vascos de Gama, l'an du Christ 1741.

Le décor est en place, brossé à la diable... Et maintenant, Mesdames, en scène... au rideau !

Si étrangers que nous fussions l'un à l'autre, S... et moi, ne tardâmes pas à rompre la glace au premier choc de nos verres. Nos actes de naissance ne portaient pas le même millésime, non certes; mais nos goûts et nos pensées étaient du même âge,... l'âge de la jeunesse. S... habitait Paris, et Paris que je quittais à peine, mes diplômes en portefeuille, Paris était mon fétiche. Depuis, hélas ! quelle débâcle !

Au dessert de la Couronne, nous associons notre fortune éphémère, S... n'a que pour deux journées de Chamonix. Pas de temps à gaspiller.

Nos cigares allumés, nous montons *aux bureaux* du guide-chef, vieux de la montagne en veste de velours et culotte courte, gradé pour commander le bataillon des guides et présider aux manœuvres :

— Ces messieurs arrivent chez nous ?

— Depuis deux heures.

— Pour les taupinières ?

— Comme vous dites, chef !

— Et que désirent voir ces messieurs ?

— Dame ! Nous ne savons guères...

— Le plat du jour ? fait S... intervenant.

— Nous avons tout...

— C'est trop. Voyons chef ? En deux journées que pouvons-nous consommer ?

— Pour début, le Brévent ou la Flégère...

— Le Brévent ? Qu'est-ce que c'est que ça ? poursuit mon co-touriste ?

Moi, sans gêne, usurpant la parole :

— Le Brévent est ce pic à droite (2.500 mètres). En altitude plus de la moitié du Mont-Blanc qui lui fait vis-à-vis. La Flégère possède des charmes variés et peut à la rigueur suppléer au Brévent.., moins d'élévation, moins de casse-cous et d'effets dramatiques. Voyez-vous, mon cher S... ? La Flégère est le Brévent des dames.

— Comme le Brévent est la Flégère des hommes.

— Vous y êtes... Je serais assez porté pour le Brévent, sans...

— Sans quoi !

— Sans la cheminée !

— Quelle cheminée ?

— Cette gueuse de cheminée à escalader après Plampraz.

Le guide-chef était là, mains croisées, exécutant un moulinet à hélice avec ses deux pouces, bouche béante, muet devant mon érudition de pacotille :

— Allons, allons !... va pour le Brévent !... Avec ce jeune Monsieur qui parait en savoir long sur notre cheminée, ce sera un badinage... Voilà qui est bon ! Et pour après demain ?

— Parbleu ! la mer de glace, la source de l'Arveyron par le couloir de la Félia, les Bossons et...

L'ahurissement de Jacques à Saint-Gervais-les-Bains se reflétait dans l'ahurissement du guide-chef sur la porte de ses bureaux :

— Il faut un guide à ces Messieurs ?

— Assurément.

— Pas de mulets ?

— S... Prendrez-vous du mulet ?

— Peuh !

— Non, décidément pas de mulets !...

— A qui le tour ? crie le guide-chef hélant un jeune guide stagiaire qui, la plume à l'oreille, lui sert de chef de cabinet.

— Eugène Cupelin...

— Bon guide, n'est-ce pas, chef ?

— Mon ami personnel, un vétéran... Sa fille tient l'école de nos marmottes.

— Quelles marmottes ?

— Eh donc, les sœurs de nos marmots !...

— Bien, bien ! S... Vous entendez, la jeune Cupelin fait l'école des...

— Je ne m'en fiche pas mal !

— Demain, six heures précises, n'est-ce pas, chef ?

— C'est dit... L'hôtel ?

— Couronne... Vous connaissez ?

— La Françoise est mon amie personnelle. Ce diable d'homme était l'ami personnel de la moitié de Chamouny. Lui, s'adressant à son secrétaire général :

— Ecris, Jacques Paccard... Deux voyageurs... six heures à la paroisse... Français... sans mulets... Couronne. Eugène Cupelin.

— Bonne nuit, guide-chef et la compagnie...

— Messieurs, à l'honneur de vous revoir !

Le lendemain au coup de six heures, le guide n'arrivant pas, nous assistons au défilé d'un essaim de chamounardes catholiques, apostoliques et romaines de la plus édifiante tenue et sur le perron de l'église, nous nous trouvons face à face avec Eugène Cupelin accouru à notre rencontre.

Signalement. — Cinquante ans, taille moyenne, nez efflorescent, teint hâlé, yeux intelligents, sourire épidémique, poigne solide, jambes *item*, veste bleue à queue de merle.

Signes particuliers : Pipe mieux culottée que son maître. Fille dans l'enseignement primaire.

Le Brévent est en vérité, Mesdames, une rude et farouche montagne, taillée à pic au-dessus du Prieuré, ravinée et sillonnée de couloirs d'avalanches. On suit un sentier, un tout petit sentier qui se tord à l'infini le long du talus à ciel ouvert. Si l'on cotoie certains passages après les pluies, les guides imposent le silence absolu qu'ils justifient de la sorte :

La voix ébranle l'air, l'air fait perdre l'équilibre au premier venu des cailloux d'en haut. Il se détache, entraîne ou pousse la *pierraille* voisine et provoque des avalanches géologiques qui bondissent, ricochent et mitraillent à outrance. Malheur au touriste qui ne sait ou ne peut se garer !

Pas ou peu d'arbres au Brévent. Pour qu'ils se tinssent debout, il les faudrait pendre à des fils de fer qu'on accrocherait au sommet. Dès lors nul ombrage.

Cette pénurie forestière, peut-être cette loi du silence sont-elles pour quelque chose dans la préférence marquée donnée à la Flégère par le sexe aimable auquel je n'ai pas l'honneur d'appartenir ? Problème redoutable que je n'ose résoudre ! Déjà trop de l'avoir posé à de gracieuses et vaillantes collègues.

A mesure que nous montions, par un privilège d'optique ne manquant jamais son effet, le Mont-Blanc et ses grands vassaux semblaient monter aussi. Vers neuf heures nous touchions au plateau de Plampraz.

Plampraz est un pâturage en miniature encadrant un chalet où l'on sert des œufs, du beurre et dans les jours d'abondance du jambon frit. Je parle de 1841. Le progrès n'est pas un vain mot ; car en 1884, on pouvait aller, moi le premier, jusqu'au rosbif à la gelée, jusqu'à la côtelette aux pommes sautées.

Nous n'avions S... et moi ni de telles exigences, ni d'aussi subtiles raffinements. L'omelette traditionnelle était le *nec plus ultrà* de nos ambitions. Arrosé d'un Montmeillan dont je serais heureux de vous offrir des échantillons, ce déjeûner de trappiste nous rendit nos forces pour plus de cinq francs qu'il nous coûta. Il mit dans nos jarrets un ressort de calibre à braver toutes les cheminées en général et particulièrement la cheminée du Brévent qui depuis la ville ne nous sortait pas de la tête.

Nous sommes à sa base une heure après Plampraz. On ne peut l'éviter qu'au prix d'une courbe à grands rayons. Ne vaut-il pas mieux courir sus à l'obstacle et prendre par les cornes le taureau dont la taille en somme n'excède pas vingt mètres ?

— C'est là, Eugène, votre cheminée !

— Ma cheminée... ma cheminée !...

— Pardon... notre cheminée !... Oh ! mais, dites donc ? la machine... c'est pour vos ramoneurs ?...

— Nous sommes dans le pays...

— Alors, je demande des genouillères...

— Pour vous deux, Messieurs !...

— Non, pour nos pantalons... Je n'en ai pas d'autre que celui-ci. Et encore sa solidité m'est-elle suspecte... Enfin !...

— Enfin... le Brévent est tiré, il faut le boire.

Cet aphorisme est de S... qui paraît soucieux. Il se pince l'oreille. Ce couloir, cette échelle à pic ne lui présagent rien de bon.

Eugène s'engage le premier avec la désinvolture que nous mettrions, nous, à gravir le grand perron d'un hôtel de ville. Je marche sur ses traces, singeant la gymnastique Savoyarde du guide, m'aidant des mains, des pieds, des genoux, des coudes, même de sa jambe à lui... (l'une de ces minutes où l'on s'accroche à tout), et tant bien que mal, non sans quelques éraflures externes, je grimpe au sommet du tube, à l'orifice duquel je m'étends les pieds dans le vide, chantant la *Marseillaise noire* des ramoneurs.

Restait l'autre. L'opération n'était rien moins que folâtre. S... n'avait plus mes vingt-sept ans ; il les avait trop. Sa prestance donnait à réfléchir.

A tout hasard, Eugène s'était muni d'une corde...

La corde est un outil d'incontestable utilité pour piétiner les glaciers, franchir ou contourner leurs crevasses, préserver du vertige. Sa devise, — sinon qu'elle casse, — Un pour tous, tous pour un. Elle est en outre d'un effet magique.

Vous traversez, je suppose, les rues de Chamonix ou ou de Zermatt en Valais. De jeunes filles au saut du lit voient défiler sous leur fenêtre une caravane de touristes précédés de guides portant en écharpe des paquets de cordages.

— Pauvres jeunes gens ! penseront-elles : Ils vont faire le Mont-Blanc, le Mont-Rose ou le Cervin... Que Dieu les protège !

Au bout du compte, les *pauvres* jeunes gens vont exécuter l'ascension de l'hôtel du Riffelhorn, ou la traversée du Montanvers au Chapeau sur la mer de glace, — presqu'à l'heure qu'il est, chemin vicinal de grande communication entretenu par d'officiels cantonniers.

— C'est égal, l'honneur est sauf, le prestige tient bon,

et les fillettes du matin rendent grâce au Dieu de la
miséricorde et de l'alpinisme.

Eugène déployait donc sa corde. Il lance dans la
cheminée l'un des bouts ; nous gardons l'autre. S... se
boucle l'appareil et s'engage dans la gaine. C'était le
moment psychologique. Lui, manœuvrant de son mieux,
nous deux, les gabiers de là haut, tirant en cadence,
nous en venons à notre honneur. Le colis est hissé ;
nous l'amarrons.

Faites-moi, Mesdames, la grâce de me croire, S...
est le plus gros poisson que j'aie tenu au bout de ma
ligne.

— Dites donc, Eugène ?

— Monsieur...

— Les dames font-elles l'ascension du Brévent ?

— Pas trop... mais ça s'est vu...

— Et... la cheminée ?

— Voilà ! Ces dames laissent à l'hôtel tout leur
attirail de jupes.

— Bon ! Après ?

— Après ? Au pied de la cheminée, elles vous
pincent délicatement le bas de la robe par derrière,...
vous ramènent ça par devant, vous piquent la chose
avec des épingles, et se taillent une culotte de Turco...
Pas plus malin... Comprenez-vous, Messieurs ?

— Parfaitement... Après ?

— Après, c'est tout.

— Et les dames ne s'embrouillent pas ? Fait S...

— Ça les embête bien un peu, parlant par respect !..
Mais comme il y a toujours un guide à l'arrière train...

— Ah ! il y a un guide à...

— Pour aider ces dames...

— S... Il appelle cela aider...

— Moi... Le mauvais sujet !...

— Un homme respectable !..

— Dont la fille tient l'école...

— Nous le dirons à sa femme...

Oh ! nos formidables éclats de rire ! Oh ! nos joyeusetés rabelaisiennes à la barbe du Mont-Blanc... qu'êtes
vous devenues?

S... mort! Eugène mort! Morte sa fille ! Moi seul...
Dieu m'aurait-il oublié? Chut, Mesdames ! ne le lui dites
pas encore !

De la cheminée du Brévent, une pente gazonnée et
tapissée de plaques de neige conduit en peu d'instants
la caravane au plus haut pic où nous bivouaquons étendus comme des lézards en plein soleil pour souffler,
mettre les gourdes en perce, pointer les jumelles et...
admirer.

Devant nous se pavanait dans une indicible majesté
la chaîne centrale des grandes Alpes. La lumière
l'éclairait de profil, semant de-ci de-là des ombres
mobiles sur ses océans de neige immaculée. Au ciel,
d'une incomparable limpidité, pas d'autre nuage qu'une
aigrette diaphane allant, virant, voltigeant, mais ne se
détachant pas du cimier.

— Le galopin fume sa pipe... bon signe ! nous disait
Eugène.

De la coupole au terre-plein de la vallée nous pouvions compter les spirales du glacier des Bossons rayé
de crevasses, hérissé d'aiguilles et de séracs prisma-

tiques, prenant ses coudées franches au grand plateau
— la bête noire des ascensionistes, — puis menaçant
d'étrangler les Grands Mulets, leur lieu d'épate, sous la
double étreinte de ses glaces et de celles du glacier
de Tacconnaz qui s'embrassent furieusement pour mieux
s'étouffer.

Qui ne connaît les Grands Mulets, cette excroissance
granitique, cet archipel isolé dans les steppes hyper-
boréens des Alpes Pennines? Sur une plate-forme de
quelques mètres se dressait pauvrement une cabane où
les rares fanatiques du Mont-Blanc, au risque de se
rompre le cou, se faisaient un devoir de passer leur
première nuit d'ascension.

Il y a de cela plus de quarante ans. La hutte est
devenue chalet, le chalet menace de se faire patenter
hôtel. Tôt ou tard, les Grands Mulets auront leur cercle.

Lesquelles de vous, Mesdames, veulent de la poésie ?
En voici : Se poster en une belle soirée d'été à sa fenêtre
du Prieuré, armer sa longue vue, la pointer sur les
Grands Mulets, épier les lumières du chalet qui vacillent
et grelottent à 3.050 mètres d'altitude. On dirait de pâles
étoiles déclouées du firmament et vouées à mourir de
froid au sein des neiges éternelles.

Tournons le dos à la grande chaine... Voyez, bienveillantes collègues ! à vingt pas de notre arête, cette
pente neigeuse d'une inclinaison raisonnable. Au fond
cette série de défilés s'emboîtant l'un dans l'autre,
berceau de la Dioza se livrant dans les gorges de Servoz
à de si violentes orgies torrentielles au tarif de un franc
par tête d'amateur.

Au niveau du Brévent, sur l'autre revers, cet amphi-

théâtre des Fiz, remparts cyclopéens commandés par la
pointe de Sales leur paratonnerre de 2.720 mètres, sciés
par le Col d'Anterne, un *tue-jambes* devant sa renommée
à l'admirable Nouvelle de Topffer, notre maître conteur
à tous.

A gauche la vallée de Montjoie-Saint-Gervais, notre
début d'hier. A droite le Buet, espèce de sous-Mont-
Blanc (3.110 mètres), un digne et vieil ami, bien qu'il
ait fait échouer ma seconde ascension.

Et pour en finir avec le Brévent, si nos regards se
détournant du ciel plongent vers la terre, nous avons le
Prieuré à quatre mille pieds au-dessous de nos talons
ferrés. Tout y est microscopique. Arbres, maisons, bêtes
et gens y rappellent ce joujou de Nurèmberg que bébé,
— si bébé n'a pas fait des caprices — trouvera, vienne
le petit Noël, sous la cheminée à maman, et dont bébé,
qui cependant n'a jamais entendu parler du grand
baron Haussmann, se fera un petit Paris bâti, débâti,
rebâti vingt fois, puis, de guerre lasse, bousculé et em-
ballé jusqu'à nouvel ordre dans sa boîte de sapin.

De l'observatoire du Brévent nous dominions si bien à
vol d'oiseau le Prieuré de Chamonix, qu'à notre estime
une pierre lancée à coup de fronde devait tomber au
milieu de la grande place, à la porte de certaine petite
marchande de tabac dont la guimpe bernoise et les
cheveux roux tressés faisaient tourner les têtes et danser
les cœurs de la jeune Angleterre.

Saturés de Mont-Blanc, le cap est mis sur la vallée
avec escale de ravitaillement à Plampraz. La descente
ferait presque regretter la montée. Les glissades étaient
à craindre en 1841, le long de cet infernal sentier. Le

vertige ébranlait mes nerfs passés à l'état de révolte. C'est là surtout que l'alpenstock devient une seconde providence, un inséparable compagnon.

J'y songe, Mesdames.... Ne suis-je pas un naïf de m'être battu les flancs à vous ébaucher le croquis du Brévent, lorsqu'il est en védette dans chaque vitrine photographique de Savoie et de Genève, à trente lieues à la ronde. Si chiffonnée qu'elle soit, l'image sera plus saisissante que la plume.

Peu après Plampraz, S... pousse un cri rauque doublé d'une imprécation.

— Ah ! sacredienne !

— Qu'avez-vous ?

— Nom de nom !

— Vous trouvez-vous mal ?

— Ma bourse !...

— Votre bourse ?

— Je ne l'ai plus... Perdue !...

— Où ? Comment ?

— Est-ce que je sais... Peut-être... Tenez !... Je me suis arrêté, vous savez ?...

— Allez toujours...

— Votre bourse, Monsieur S...? fait Eugène avec son éternel sourire. — Si ce n'est que ça !

— Encore bon enfant... vous !

— Eh bien !.. votre bête de bourse... on la retrouvera.

— Retrouver... retrouver... C'est bon à dire...

— Rien ne se perd *en* Chamonix.

— Comment ferez-vous ?

— C'est mon affaire... En avant, Messieurs ! En avant ! La nuit vient au galop par ici.

— En attendant votre porte-monnaie, mon cher S...,
ne vous gênez pas... Nul souvenir de m'être *arrêté* après
Plampraz... Mes finances ne sont pas en déficit.

— Ecoutez-donc, mon cher V... Peut-être pas de
refus... Ce qui me reste? Voyez... Vingt-cinq centimes !

— *Chin chous*... Vous êtes l'Ahsvérus de la Savoie.

En dépit d'Eugène, cela jetait un froid.

Lorsqu'il nous eût consigné à la Couronne, le guide
s'esquiva; puis nous le vîmes entrer dans les bureaux
du chef d'un air dégagé, les mains dans ses poches,
sifflotant un petit air du pays... Nous l'eussions volontiers battu.

Une heure après, nous pouvions voir, le long des
escarpements du Brévent, deux petites lanternes sau-
tiller, se démener et frétiller comme des feux follets.
A un moment donné, elles télégraphient je ne sais quoi,
puis redescendent dans la direction de Chamonix à pas
comptés, sans se presser; si bien qu'avant le coucher
de S... la bourse intacte était déposée aux pieds de son
seigneur et maître par le guide-chef en personne.

A peine débarrassé de ses clients, Eugène avait
recruté l'un de ses collègues, et tous deux, armés de
lanternes, s'étaient mis à grimper au Brévent où, cherchant, furetant à la belle étoile, ils avaient réussi à
trouver le corps du délit.

Eugène était dans le vrai : rien ne se perd en Chamonix.

S... fit décapiter quelques flacons de vin blanc
d'Yvorne, qui est au Valais ce qu'à la France est le

Champagne. Lorsque nous fûmes tous à peu près gris, — le guide-chef inclusivement — nous chargeons Eugène sur nos épaules et le portons en triomphe.

Alexandre Dumas, notre grand et illustre romancier, cite un fait du même crû. Ce n'était pas sa bourse, c'était, je crois, sa montre qu'il avait égarée.

Troisième argument à l'appui de la thèse-Cupelin... celui-ci tout personnel. La scène se passe en 1854.

Descendu de la Flégère, j'allais achever ma journée vers la source de l'Arveyron, en traversant les prairies des Tines. Il faisait très chaud. J'avais arraché de mon torse pour le porter au bras certain pardessus noisette dont j'étais très fier et qui bravait bien des jalousies, Mesdames, pardonnez-moi ! J'étais en manches de chemise.

Or, dans l'une des cavernes du pardessus noisette se trouvait imprudemment logé mon portefeuille, incorruptible gardien du passeport obligatoire en çe temps et de quelques billets de banque, réserve du voyage.

Soudain!!! Soudain j'acquiers la conviction que le gardien a pris la clef des champs, peut-être pour retourner en Russie son pays natal... Horreur !

Mêmes angoisses que les angoisses de S... même sourire du guide, même cliché : rien ne se perd *en* Chamonix, même expédition nocturne, celle-ci bien autrement délicate et chanceuse.

Je n'avais eu d'arrêt. Il m'était radicalement impossible de dire : C'est ici plutôt que là.

Ereinté d'une double course, morose et amplement préoccupé, je me couche dès ma rentrée à la Couronne et je m'endors du sommeil d'un alpiniste, même... vexé.

Au réveil du lendemain, il me semble voir dormant lui aussi sur mon oreiller, un corps insolite... je tâte... bonté du ciel ! c'était mon déserteur !... mon déserteur pincé contenant et contenu, avec armes et bagages, au bord de l'un de ces mille cours d'eau sillonnant les prairies. Le malheureux allait se noyer au fond du ruisselet qui l'aurait emporté dans l'Arveyron, l'Arveyron dans l'Arve, l'Arve au Rhône, le Rhône au diable.

J'en fus pour la peur et une offrande à la caisse de retraite de ces braves et loyaux montagnards, les guides de Chamonix.

§ IV. — MER DE GLACE. — JARDIN

Vous l'échappez belle, Mesdames !

Je m'apprêtais à vous offrir une petite conférence sur les grands glaciers. Quatre pages sur les théories vulcaniennes et neptuniennes, sur l'origine des amas de glace, leur anatomie, leur marche et leurs oscillations, sur les névés, les rimayes, les stries, les crevasses, les moraines et les mille ingrédients qui concourent à leur organisation.

Je me suis arrêté. J'ai songé qu'il y aurait outrecuidance et folie à me faire la caricature des Saussure, de Pictet, des Agassiz, des Martins, des Tyndalls et des illustres de l'Alpin-Club.

De plus, je me suis souvenu, qu'au péristyle de son monument, notre Adolphe Joanne a planté une rangée de colonnettes, consacrées aux fastes des glaciers. De ce moment, Mesdames, vous avez été sauvées. Des quatre misérables pages ébauchées j'ai fait un bûcher, y ai mis le feu avec force allumettes de la régie qui ne voulaient pas prendre... et suis allé cacher ma honte au fond de mon alcôve, renvoyant à demain notre ascension à la Mer de glace.

Du Prieuré à la cabane du Montanvers transformée après un demi siècle en splendide hôtel, la distance est raisonnable. Trois heures de marche, on y est. Mais,

— revers de la médaille au type de 1841. — Quel sentier !
Quelle corniche étroite, scabreuse, glissante à force
d'être piétinée par le sabot des mulets !

Les temps sont changés. Chemin rectifié, soigneu-
sement entretenu depuis l'annexion, depuis surtout
qu'une blonde majesté déchue fit son auguste pèlerinage à Notre-Dame des glaces.

A cinq heures du matin nous franchissons l'Arve à
la garde de Dieu et d'Eugène Cupelin. Vingt minutes
de promenade nous mettent au pied de l'aiguille de
Charmoz, l'un des contreforts du Mont-Blanc. Nous
l'attaquons avec férocité, si bien qu'après le premier
élan nous devons serrer les freins et suivre, posément,
nonchalamment, comme de vieux curés récitant leur
bréviaire, les lacets du sentier tracé dans une forêt des
plus chevelues.

Devant un petit chalet submergé sous la feuillée,
Eugène s'arrête, frappe à coups de poings sur la muraille
qui résonne comme un tambour, et, de sa plus grosse
voix :

— Maria ! Maria ! Pas encore levée ? Voyez-vous la
fainéante ? Elle ne répond pas.... Maria !

Et voici qu'une jeune tête s'encadre à l'entrebâillement
de la fenêtre... tête suivie d'une paire d'épaules de même
jeunesse et dans le même appareil. — S.... ouvrait des
yeux !

— C'est vous, Eugène ? si matinal ?... Voulez-vous
la goutte ?... Des messieurs ?... Ah !

Vlan ! Le volet se referme, effarouché.

— Quel est, Eugène, cette fillette chamounarde ?

— La Maria ?

— Qui, la Maria ?

— Voilà qui est bon... Parbleu ! la fille d'un camarade à qui le col du Géant, une vraie canaille, a coûté la vue. Ils ont de la commune la jouissance de ce petit coin où nous leur avons fabriqué la bicoque, ici présente.

— Vous, Eugène ?

— Moi, si l'on veut... et pas moins les autres... de la compagnie des guides...

— Braves gens ! soupire S...

— Eugène, votre main ?

— Messieurs, avec plaisir...

— Et là... que fait Maria ?

— Là, Messieurs, avec le vieux qui se chauffe au soleil lorsqu'il n'est pas à la cave, Maria sert aux touristes qui font le Montanvers des rafraîchissements à l'eau-de-vie, que c'est à se lécher les pouces jusqu'au coude...

— Et, ce métier les fait vivre ?

— Çà les fait vivre... vous voyez...

— Et... Maria est jolie ?

— Dame ! Ces Messieurs ne font pas trop... la chose... d'avoir les yeux dans leur gousset.

— Sage ?

— Comme ma Claudine à moi...

— C'est entendu, père Cupelin... S... ?

— Plait-il ?

— Aurez-vous soif en repassant par ici ?

— Bigre !

Au dessus du chalet, source d'eau solitaire, au doux murmure, limpide comme le cristal, fraîche comme un sorbet. Halte obligée. Etape à souhait !..

— Eugène? Le nom de cette petite machine?

— Fontaine Caillet... Parbleu !

— Parbleu ! Parbleu ! Tout le monde n'est pas forcé de garder en ses archives le nom... le nom de votre fontaine...

— Caillet... illustrée par feu Monsieur le Chevalier de Florian..., conclut Eugène en soulevant son chapeau...

— C'est fichtre vrai !... Florian... Sa nouvelle de Claudine...

— Un bijou... dit S...

— Dans lequel Donizetti vient de ciseler son opéra de Linda de Chamouny... (Sans X...)

— Un diamant !..

— Vous voyez bien, Messieurs, notre Fontaine Caillet ne date pas d'aujourd'hui.

— Pardonnez-nous, Eugène... Pardonnez-nous !... Monsieur et moi nous sommes des ânes...

— Oh !

— Des brutes...

— Je voudrais voir le j... f... qui se permettrait de...

— Merci ! Eugène, merci !...

Cependant la forêt présente des éclaircies. De plus en plus elle se sent menacée de calvitie. Là haut, dans le voisinage des glaciers, s'ouvrent certains goulets qui vont s'élargissant en éventail jusqu'au fond de la vallée. Ce sont des couloirs d'avalanches, mais avec cette variante qu'au lieu de se livrer, ainsi qu'au Brévent, au transport des matériaux, ceux-ci ont le monopole de l'enlèvement des neiges.

Les chutes se font généralement à la même place et dans la même saison, au printemps. Le sillon qu'elles tracent garde l'empreinte d'une irrémédiable stérilité. La part du feu, devrais-je dire, Mesdames, sans la crainte de faire hurler ensemble deux éléments qui, depuis la création du monde, se regardent en chiens de faïence.

Au mois de juillet tout danger disparaît, sinon vers es plus hautes cimes où l'avalanche fonctionne à jet continu, service de jour et service de nuit. Ce qui n'empêche pas les guides de faire traverser au plus vite et en silence ces couloirs témoins et acteurs dans le drame le plus grandiose des Alpes, à cette condition cependant de n'avoir pas le drame suspendu sur la tête à la façon de la classique épée renouvelée des Grecs.

— Mise en scène, Monsieur le conteur...

— Soit, Mesdames! Mise en scène dont l'aspect ou le souvenir m'ont coûté de poignantes émotions. Il est si bon que le cœur batte, même de terreur et d'effroi !

Paraît à l'horizon la cabane du Montanvers. Subitement, à un détour du sentier se développe la Mer de glace, cachée jusqu'alors par le piédestal de l'obélisque de Charmoz.

Tableau !

Avez-vous, Mesdames de la section lyonnaise du C. A. F., gracieuses collègues... avez-vous une fois dans votre vie jeté vos regards sur notre Saône emprisonnée dans les glaces au cours d'un hiver rigoureux, celui de 1880, comme type? Un coup de maître, n'est-ce pas ? Plumette se le rappelle par les engelures qu'elle lui doit, et qui lui servent de prétexte pour se négliger.

Or, le *redoux* à peine annoncé, les glaces d'amont

prennent leur ticket et se mettent en route, Chalon et Mâcon saluent la débacle ; très bien.

Mais voici que le détroit de l'Ile-Barbe la prend à la gorge et lui mettant la main au collet : on ne passe pas !

Là donc, les glaçons s'amoncèlent, se dressent, s'empilent et s'écrasent , ainsi qu'il appert de deux photographies que Plumette ne céderait à aucun prix, les ayant reçus de son ami Paul Guillemin dont vous avez dû, Mesdames, entendre parler dans nos annales.

Telle la mer de glace de Chamonix , avec cette nuance que ce qui chez nous a quelques centaines de mètres, mesure là bas des lieues carrées. Ce que nous avons pu voir ici, encadré dans une berge à fleur d'eau, ceinturé de villas en deuil, se trouve là gardé, surveillé, dominé par une myriade de pics dont le plus humble n'a pas moins de dix mille pieds.

Je ne sais, au premier aspect, ce qui frappe le plus fort d'épouvante et d'admiration : ce fleuve immobile, rugueux, houleux, s'élevant de barrages en barrages, ou ces minarets hérissés, aiguisés, Le Dru, les Jorasses, le Géant, et tant d'autres des plus pointus.

Nous étions S... et moi à nous regarder comme deux magots de Nankin, oubliant de nous loger dans nos plaids suivant l'hygiène la plus règlementaire. Eugène nous en fait souvenir, et nous pousse dans le chalet.

Le plus authentique, c'est que le drôle avait envie de déjeûner.

Il faut, Mesdames , avoir couru les Alpes pour apprécier l'ineffable joie du repas le plus agreste, du déjeûner sur le pouce en quelque chalet ouvert à tous

les vents, quelle fringale ! Moins de côtelettes que
d'entrain... Oh ! comme on se sent fier de vivre, léger,
meilleur à deux mille mètres au-dessus de l'étage cita-
din payé si cher, et, très souvent, où l'on est si mal.

S... flamboyait de saillies parisiennes. Eugène ,
notre commensal, portait sa gloire avec modestie ,
payait notre hospitalité en gasconnades montagnardes.

Moins brillant; mon rôle... — Eh ! la bonne !... du
jambon..., du fromage... deux... non, trois bouteilles !

— Trois bouteilles !! Ils vont bien, ces voyageurs !
semblait dire la petite Savoyarde, son malin sourire, et
ses mains levées au ciel.

La porte s'ouvre bruyamment.

— Si ces Messieurs veulent s'embarquer sur la mer
de glace il est temps. Le ciel tourne à l'orage.

L'inconnu était un touriste suivi de sa jeune femme,
Français tous deux, ayant eu le courage de passer la
nuit au chalet, et venant achever leur expédition, par
où nous la commencions nous-mêmes, c'est-à-dire par
un déjeûner quelconque. De retour du glacier, ils nous
donnaient à nous l'avis que nous leur eûssions donné
à eux, un de ces avis fraternels qu'autorise la cordiale
franc-maçonnerie des montagnes.

Sapristi ! c'était officiel. De gros nuages défilaient
par les créneaux des grandes Jorasses et du Tacul...
Vite aux bâtons !... Nous laissons le déjeûner au pro-
logue et, par la moraine, nous dégringolons rapidement.

L'optique a des illusions décevantes. D'en haut nous
avions traité les flots congelés de simples boursouflures,
et voici qu'à peine sur le plan du glacier, nous sommes
noyés au sein de vagues plus hautes que nous. Humi-

liant, Mesdames, pour nos deux tailles de cuirassiers!

Ce n'est pas une besogne pour rire d'avoir à franchir les premières crevasses, à grimper au faîte de certains mamelons ; nous sommes mal à l'aise, le vertige nous menace, et je ne sais trop, pour mon compte, par quelle gymnastique je me trouve à cheval sur un dos d'âne, jambe de ci, jambe de là, surplombant deux gouffres jumeaux chatoyants de blanc, de bleu turquoise, de vert émeraude, mais surtout béants et prêts à m'avaler.

Permettez, ô naïades frileuses des glaciers ! J'en étais à mon noviciat, j'avais le mal de mer.

Nous étions, de la sorte, à flaner à travers glaces, lorsqu'un coup de tonnerre, une pétarade répercutée par vingt échos vint nous aviser qu'il était prudent de rentrer au port. Absorbés par le devoir d'assurer nos pas chancelants nous n'avions guères porté notre attention sur un groupe de nuages roussâtres, saturés d'éclairs et d'électricité, descendant sur nous et voilant le paysage.

— Filons, Messieurs, nous crie Eugène, filons... nous allons être pincés.

Chœur de touriste à l'unisson : Filons !

La porte du Montanvers se refermait à peine sur nous que la pluie et la grêle entonnent leur chant de guerre. Nous rouvrons le déjeûner à la page où nous l'avions laissé. Mais il était écrit que son édition serait en trois volumes.

Au début de l'omelette, un cri strident se fait entendre..., cri des guides montagnards qui se prolonge à des distances inouïes.

—Eugène dresse l'oreille.

— Silence, Messieurs !

— Allons... quoi encore ?

— Silence !... nom de nom !

— Autre cri prolongé :

— Voyageurs en détresse sur le glacier... En avant, z'enfants ! Payot, Carrier ! — Deux guides qui se trouvaient là, — les cordes, les hâches, l'échelle... en avant !

— En avant ! répétons-nous...

— Vous, Messieurs, vous allez nous ficher la paix et rester là... Il ne manquerait plus que vous avoir à nos trousses, pour nous f... lanquer dans le pétrin.

C'était raide, mais c'était vrai. Allez donc vous fâcher ?

Eugène devenait beau d'énergie et de dévouement. Son nez prenait des teintes sublimes... Nous nous installons à la fenêtre. Il fallait voir ces trois hommes se précipiter dans l'abîme zébré d'éclairs, courir à des dangers inconnus, sans autre point de repère que ces cris aigus qui leur tiennent lieu de tocsin, sans autre ambition que d'accomplir un devoir... plus que le devoir.

A dix pas, nous les perdions de vue. Notre anxiété redouble. Les appels persistent à l'état de dialogue, l'un répondant à l'autre. Ils se réunissent enfin dans un morceau d'ensemble avec ritournelles, interprétant que la jonction s'est opérée sur le glacier, et que nous allons avoir du nouveau.

En effet, au bout d'une demi heure, les deux jeunes touristes français, nous, le personnel du chalet, voyons se débattre dans la brume un groupe confus, agité, jurant, piaillant...

La caravane triée, on en extrait trois voyageurs et cinq guides compris Eugène et ses deux aides.

Ce qui s'était passé, Mesdames ?

Le matin, escorté de ses deux filles, un Anglais avait tenté l'ascension de la mer de glace, non comme vous et moi, par le Montanvers, rive gauche, mais par le Chapeau, rive droite; c'était, paraît-il, plus original.

Vaillantes comme leurs compatriotes, les jeunes miss n'avaient tenu ni paix ni fin, avaient prié, supplié, puis sommé papa de traverser avec elles la mer de glace, du Chapeau au Montanvers.

Papa avait consulté ses deux guides et, vu leur verdict motivé que le trajet, pour être pénible, était pénible, mais nullement dangereux, le père noble avait souscrit au caprice combiné de ses fillettes, congédié les mulets. Puis la caravane, après avoir franchi le Maupas que ne protégeaient pas encore des rampes de fer, après avoir dévalé sur le plan du glacier, cheminait avec précaution. Entre temps l'ouragan s'était déchaîné. Les jeunes filles avaient pris peur, Milord avait perdu la tête, les guides s'étaient mis à crier au secours.

L'état des trois insulaires ?... pitoyable. Le chalet n'avait alors que deux ou trois compartiments. Pour les êtres créés à l'image de Dieu cuisine et salle à manger, chambre à coucher au besoin, grenier à foin pour les guides.

A demi-mortes de frayeur, ces demoiselles avaient leurs robes et leurs manteaux ruisselants, collés aux hanches. Elles grelottaient. On fit un grand feu devant lequel on les plaça comme pour les faire rôtir à la broche.

Toute dame française est doublée d'une sœur de charité. Notre jeune et belle compatriote le fit bien voir à nos deux pauvres naufragées.

Agenouillée avec une grâce simple et charmante, elle leur demande la permission de tirer les bottines.

— Yes !

— Les bas...

— Yes !...

— Les... Nous deux, S... et moi, nous en tenons là... pour rentrer à la salle où nous trouvons le père en train de se réchauffer, en tête à tête avec un flacon de vieux rhum additionné de sucre, submergé dans une soupière et travesti en un punch flamboyant dont il veut bien nous offrir le partage.

Nous refusons, préférant donner le dernier coup de fourchette à notre fantastique déjeûner.

En quarante ans le progrès a eu le loisir de se faire délivrer au Montanvers des lettres de grande naturalisation. Le chalet est devenu auberge de seconde catégorie, l'auberge a déménagé, cédant le pas au grand hôtel capitonné de tapis, bondé de lits à sommiers et recevant des pensionnaires. La mer de glace dont le niveau s'est notamment abaissé, est classé comme chemin vicinal. Pas de journée en la belle saison qu'on ne voie de petits points noirs trottiner sur la glace, comme un essaim de bêtes du bon Dieu, monter, descendre, fureter et zigzaguer. Caravanes de touristes, femmes, hommes, enfants... Des cantonniers en permanence pour entretenir la chaussée du Montanvers au Chapeau, et réciproquement. Si j'avais une fortune à faire, je *monterais* au milieu du glacier un café-restaurant avec

salons, cabinets particuliers et jeu de boules pour les
amateurs. Le risque industriel serait de voir un jour
l'établissement glisser dans une crevasse pour sortir,
vingt ans après, par la gueule du Minotaure, à la source
de l'Arveyron.

Souvenir de 1883. — Le 15 août, la section du Mont-
Blanc avait invité le Club-Alpin français à déjeûner au
Montanvers. Plus de cent convives, les dames en imposante minorité, s'installaient aux tables dressées devant
la façade principale de l'hôtel. Le banquet fut aussi de
choix que le permettait son altitude de deux mille
mètres, mais il faisait un froid de loup. On se serait
cru dans le voisinage du cap nord; si bien qu'à certaines de nos voisines plus aventureuses que prudentes,
nous fûmes heureux, mon fils Paul et moi, d'offrir et
de faire accepter deux plaids de large envergure. Qui
sait, Mesdames, si ces lainages n'ont pas arraché trois
ou quatre de vos sœurs frileuses aux griffes d'une bron-
chite ou d'une fluxion de poitrine ?

Le beau, le pittoresque de l'affaire, c'est qu'après les
toasts et le café, la caravane entière, moins les vieux
grognards blasés sur ce genre d'exercice, se met en tête
de franchir le détroit du Montanvers. Voyez, Mesdames,
se déployer au milieu des glaces cette procession de
cent fidèles. Ni chutes, ni glissades. Pas un ne songe
à la retraite. Jamais le Maupas n'eut à soutenir un tel
assaut, la buvette du Chapeau plus formidable invasion,
ni pillage plus complet. A sac et à sec, pauvre petite
gargote abritée sous les pentes vertigineuses de l'aiguille
du Dru.

Au courant du sauvetage de la famille anglaise, un

coup de vent avait emporté la bourrasque. Nous allons
déposer nos cartes à la caverne historique sous laquelle
se réfugièrent les premiers explorateurs. Elle porte cette
inscription votée par l'académie des belles-lettres de
Chamonix :

POCKOK ET WYNDHIM. — 1741.

Nous embrassons d'un suprême regard la mer de
glace et sa sublime enceinte tapissées des neiges fraîches
de tout à l'heure, frappées du soleil le plus étincelant.
Nos couvre-chefs sont panachés de fleurs de rhododendrons qui fourmillent par là, puis, non sans regret,
nous virons de bord avec la perspective de la Félia.

La Félia est, — ou plutôt était, car la Félia n'est
plus — un de ces couloirs d'avalanches signalés à je ne
sais plus quel feuillet de ce mémorable chapitre. Le
touriste s'y engageait comme sur une montagne russe,
y laissant peut-être quelques bribes de pantalons. Mais
en somme quinze minutes de descente, contre deux heures
d'ascension, cela ne mérite-t-il pas un léger sacrifice ?

Pour double raison nous ne pûmes aborder la Félia.
Le récent orage rendait dangereux le couloir qui, char-
riant encore des torrents vomis par les glaciers supérieurs, se serait fait un devoir de charrier des alpinistes.

Ce motif me dispenserait à la rigueur de détailler
l'autre. Toutefois en narrateur consciencieux, je ne pouvais oublier que, fidèle à sa parole, S. devait mourir de
soif et voulait, à cor et à cri, se rafraîchir au chalet de
Maria...

Très gentil ce petit chalet crânement campé sur la
plate-forme d'une butte large comme deux mains... (pas

les vôtres, Mesdames, elles ne suffiraient pas) et se
dérobant sous une voûte de sapin, de mélèzes et de
bouleaux. Derrière la vitrine, dans un ordre stratégique,
s'alignaient des pâtisseries, des fraises à la crême dans
leur soucoupe et les œuvres complètes de notre saint
patriarche Noé déjà nommé, édition à bon marché.

Eugène l'avait dit : Etendu sur un banc, le père
aveugle fumait sa pipe. Maria paraît et reconnaissant
les clients se prend à rougir au souvenir de leur visite
antématinale.

Nous prenons place sur un banc voisin tandis que le
père Simon nous va tirer du vin à la cave dont mieux
que personne il connaît les détours... L'habitude !...

Lorsqu'il eût apporté quatre verres, le sien compris...
et qu'il les eût remplis sans se tromper d'une goutte...
encore l'habitude... le pauvre invalide nous fit les hon-
neurs d'un toast :

— Insensiblement, Messieurs, à votre santé !

— A la vôtre, mon brave, et que dans sa miséricorde
Dieu vous rende la lumière !

— Oh ! c'est fini, Messieurs..., bien *toisé...*

— Bah ! Pourquoi désespérer ?

— Cinq ans que ça dure... insensiblement...

— Et comment l'accident s'est-il produit ?

— Voici la chose : Insensiblement nous faisions le
col du Géant pour descendre sur Cormayeur. Nous
étions cinq, deux voyageurs, trois guides, moi guide-
chef à titre d'ancien... C'est le règlement... pas vrai,
Cupelin ?

— Le règlement tout pur... Vas ton train, vieux !...
vas ton train !

—Insensiblement, ne voilà-t-il pas qu'au fond du Tacul, à l'entrée du col, une s... matine de neige qui se met dans la tête de nous cracher au visage... Oh ! mais... là... ce qui s'appelle cracher?... Le catarrhe ne dura pas longtemps, et le soleil...

— L'ami soleil ?...

— Joliment ! joliment ! Vous n'y êtes pas, Messieurs, pas du tout, du tout. La neige et le soleil deux fières canailles, allez!... Insensiblement, les autres avaient leurs lunettes sur le nez, sur la tête leur voile de gaze verte... Moi seul comme un bénêt... Pas vrai, Eugène...

— Bénêt, bénêt... C'est selon...

— Moi seul avais oublié le fourniment à la cambuse. Revenir? Pas moyen..., trop tard. J'allais de l'avant, et tout le reste du jour je me laissais dévorer par votre bon ami...

— Quel bon ami ?

— Parbleu ! le soleil... Ces Messieurs viennent de le dire... Insensiblement je sentais çà ; mais je n'osais pas le dire... où c'est que sur le col j'avais les yeux rouges comme le nez d'Eugène quand il a son coup de trop...

— Par exemple !..

— Je les frottais, frottais, à pleines mains de neige... Autant de mille millions d'aiguilles... Çà fut passablement jusqu'à Cormayeur... Voilà qui est bon!.. Le lendemain, quand les camarades me vinrent tirer par les jambes, me criant aux oreilles qu'il était temps et grand temps pour s'en retourner en Chamonix, j'eus beau leur gueuler à mon tour : Sacrebleu, j'entends bien, je ne suis pas sourd... Ils tiraient de plus belle... Ne riez pas, Messieurs, je n'étais pas sourd, c'est un fait... Mais je n'y voyais plus ; votre ami soleil m'avait mangé les yeux..., insensiblement...

— Pauvre père Simon !

— Et les médecins ?

— Les médecins ?... c'est des bourriques !... (Chœur d'auditeurs : Oh ! oh ! père Simon !...) Pas moins, Messieurs, fameuse course, le col du Géant !... Allez. Mais si vous la faites faire à Mesdames vos épouses, gardez-vous bien d'oublier les bésicles et les voiles de gaze verte... Pas vrai, Eugène ?

— Oui, vieux !

— Et depuis ?

— Dame ! il y a du changement. Au lieu de guider les autres c'est les autres qui me guident...

— Maria ?..

— Maria... et les amis... Insensiblement, la petiote n'a pas voulu se marier..

— Vous laisser tous seul, père ?... Ma fi non !

— Brave fille ! et pas d'amoureux ?

— La demande était indiscrète ; elle resta sans réponse. Attrape !

A croquer en vérité, cette petite Maria, sous sa jupe et son corsage de laine brune ayant pour repoussoirs les manches flottantes et la gorgerette plissée d'une chemise de grosse toile, blanche comme les neiges voisines.

Nos adieux au père Simon et à son Antigone qui, autorisée par Œdipe, se laisse embrasser sur les deux joues... Brave fille, une fois encore... et bon petit chalet !

Au dessous du Montanvers, après avoir conservé son plan relativement horizontal, la mer de glace décrit une courbe et se précipite au fond de la vallée en cascade qu'aurait surprise le thermomètre aux degrés voulus pour la congélation. C'est le glacier des Bois d'un gris sombre à force de rouler des sables et des rochers en loques. Il n'a de séduisant que l'immensité de sa chute, les détonations fréquentes de séracs qui s'effondrent, et la voûte qui livre passage à l'Arveyron.

Les glaciers de Talèfre, de Lechaud et du Géant se sont constitués en syndicat. Leur collaboration est assurée à la mer de glace. Par mille et mille crevasses, leurs eaux se donnent rendez-vous au lit granitique de la vallée lacustre que les neiges ont comblée. Par ces voies souterraines, l'égoût collecteur pousse la fonte entière au pied du glacier des Bois d'où, par une gueule renouvelée de la baleine qui engloutit si bien Jonas, bondit le torrent furieux, affolé, jurant, aboyant comme le dogue à la queue duquel pend une poële à frire.

Ce dogue est l'Arveyron. Docile aux influences météorologiques, le tunnel avance ou recule. Telle année froide lui ouvrira tout au plus une porte bâtarde. Si l'année suivante, le soleil a déployé tous ses moyens, on prendra les allures d'un porche de cathédrale. Alors, usant de précautions, le touriste aura le droit d'aborder le vestibule de ce palais des Ondines d'une transparence azurée. Il serait malsain d'y établir un tir à la carabine. Des étourneaux ont payé de leur vie, écrasés sous les glaçons, l'invasion des armes à feu dans ce domaine de la féerie scandinave.

La voûte de l'Arveyron se trouvait précisément dans

ses bons jours. Nous y pénétrons après recommandation formelle de ne parler, éternuer ni tousser.

— S... Prenez garde au pistolet.

— Je n'en ai pas...

— Je n'en ai pas... Je n'en ai pas... Prenez toujours garde !... On ne sait trop ce qui peut arriver.

Comme toute station alpestre, l'Arveyron a, lui aussi, sa buvette rustique... Quel changement de décor ! pas de père aveugle ! pas de Maria ! plus d'avenants sourires ! Une écrasante berge dévastée, le grondement du torrent, la chute d'un glaçon... C'est tout... Là bas, le calme, ici, la tempête... Une idylle le chalet de Maria... le cabaret de l'Arveyron, une Apocalypse.

Le jour suivant, S... devait, — calembour à part — rentrer dans ses *foyers*. Notre souper allait être le dernier. Nous invitons Eugène. A table :

— De sorte, Monsieur S..., que vous nous lâchez déjà ?

— Que voulez-vous, mon brave Eugène !... J'ai à Paris une centaine de pensionnaires...

— Diable ! Vous tenez un pensionnat ?

— Oui...

— De demoiselles ou de garçons ?

— De tous deux...

— Bigre !... Vous devez avoir du fil à retordre... à juger par mon aînée qui tient l'école...

— Ah ! Bien plus fort, mon pauvre Eugène... Allez !

— Et que leur apprenez-vous à vos cent pensionnaires...

— Rien... ce sont eux qui apprennent.

— Pour réciter devant vous ?...

— Devant moi, oui, d'abord, et devant douze cents têtes...

— Que vous payez ?

— Non, qui paient... Voyez-vous, plus il y a de têtes, mieux ça nous va !...

— Je comprends... Le catéchisme ?

— Eh non... Badaud !... la comédie...

— Ah ! bon ! vous m'en direz tant... Bon ! Bon ! La comédie !... Je connais... Une fois à Genève, j'y suis allé à votre s... comédie ! Ah ! quel mal de tête ! sans compter que j'ai pleuré comme un veau. Bien farce, tout de même ! Allez !... De sorte, Monsieur S...

— Que si je laisse trop longtemps mon pensionnat, on récite mal...

— Et qu'au lieu de douze cents... payants.

— Il n'y a plus que la claque.

— La claque ! fait Eugène ahuri. La claque !

— V... vous expliquera... Je retourne donc à Paris. Si vous avez des commissions ?

— Bien merci ! Et vous, monsieur V. ?

— Moi, c'est autre chose... Je n'ai pas de pensionnat... huit jours encore de vacances. Voyons, Eugène ! que pouvons-nous faire en une semaine ?

— Nous avons peut-être bien le Buet, le Jardin, les Grands Mulets... Non, ce serait trop rude...

— Pour mes jambes ? Allons donc ! pour qui les prenez-vous ?

— Pas les jambes que j'estime... mais les nerfs... Tenez, Monsieur, si le cœur vous en dit, nous ferons le tour du Mont-Blanc. Vous lui avez vu le devant. Eh bien ! vous lui verrez le...

— Dos ? Çà me va... Combien de jours ?

— Cinq... oui, cinq journées de marche... Six au plus,
quand le diable vous ferait les cornes...

— Bravo ! Parfait !

— Et après... d'apprenti, vous passerez compagnon.

— Et je pourrai faire le Buet, le Jardin.

— Je vous en fiche mon billet!...

Entré à Chamonix par le col de Voza, j'en devais
sortir, Mesdames, par le col de Balme. Et voici que le
tour du Mont-Blanc faisait craquer mon programme.
Remonter au pavillon de Bellevue, affreuse perspective !
En montagne, je ne sais rien d'humiliant, sinon que la
fatalité s'en mêle, comme de reprendre aujourd'hui
l'ascension d'hier en sens inverse.

Je pouvais faire autrement, changer de stratégie. Je
n'y manquai pas.

Dès 1841, Chamonix se reliait à Sallanches par une
route carrossable. Hélas ! Seigneur mon Dieu ! Quelle
route et quels carrosses ! Après quarante-cinq ans,
Plumette en a la chair de poule. Passy, Chède, Servoz,
les Ouches, autant de villages pittoresques, si l'on
veut, mais à peu près inhabitables. Et la route?.. une
série de flaques d'eau, de débris d'ardoises tombées de
la crête de Fiz, d'ornières imitant les tranchées d'une
place assiégée ; pas plus de voirie et de cantonniers,
qu'à travers l'Afrique centrale.

Et les carrosses ? Oui, Mesdames, parlons-en. Deux
planches, une banquette sans capote ni coussins, bou-
lonnées sur deux essieux, char de côté, deux mulets en
flèche attelés à des chaînes d'un longueur insensée
faisant un vacarme d'enfer. En somme, sur dix chances,

cinq au moins pour verser, choir en quelque précipice
et se rompre le cou.

N'eût-elle gagné à l'annexion que cette route admirable que sillonnent aujourd'hui landaus, berlines, breacks,
phaétons, toute la carrosserie du monde civilisé, la
Savoie, ce me semble, devrait être heureuse de se dire
Française, fière de regarder la colonne.

Il fut donc résolu que nous descendrions de Chamonix en voiture, *via Servoz*. Ce circuit me permettait de
consacrer quelques heures supplémentaires à mon
aimable compagnon de voyage.

Au point du jour nous roulons ballotés sur nos planches, emportés par nos deux mulets et leur ferraille
jusqu'à Saint-Gervais-les-Bains où la caravane se disloque. S... prend la direction de Genève, et son humble
co-touriste celle de Saint-Gervais.

Notre *intimité* avait duré quarante-huit heures.
C'était court, et cependant la séparation ne se fit pas,
tout au moins de ma part, sans certain froissement du
cœur.

Nous échangeâmes quelques lettres. Je vis S... une
fois ou deux dans ses *foyers*, à Paris, et un matin le
Figaro m'apprit la mort de ce sympathique et joyeux
camarade de mes premières Alpes.

EPISODE DU JARDIN. — (AOUT 1854)

Pour n'avoir plus à revenir sur *ma* mer de glace,
permettez, Mesdames, que je dédie ces quelques lignes
au Jardin qui se tient sournoisement caché vers les
derniers plans du glacier de Talèfre.

Je n'eus pas pour pilote mon vieil Eugène Cupelin, remplacé pour cause de décès, par un Couttet, si j'ai bonne mémoire, et un porteur. La veille nous allions coucher au Montanvers, prenant de la sorte un à-compte de trois heures sur les huit qu'exige la promenade, retour non compris.

Quittant le chalet à la première heure matinale, la caravane cotoie la moraine gauche, le long des bases de l'aiguille des Charmoz. Après un passage des plus revêches nommé les Ponts, elle descend au glacier qui jusqu'au Jardin lui servira d'avenue. L'armement est au complet, rien n'y manque, pas même les crampons, éperons d'or de la chevalerie montagnarde. On m'attache à la corde.

A quoi bon, Mesdames, le récit complet de ma course à travers cet océan boréal, mes assauts aux trois étages de moraines jusqu'au confluent où les grands glaciers, alimentés eux-mêmes par un monde de sous-glaciers, déversent leurs produits dans le bassin central où ils échangent leurs noms collatéraux contre la qualification générale de mer de glace?

Le jardin est planté au milieu du glacier de Talèfre, celui de gauche ou de l'Est. De l'embouchure des trois courants il fallait, de mon temps, des mains autant que des pieds, se hisser sur un mamelon bombé, strié, farouche, nommé le *Couvercle*. Comment l'ai-je gravi, comment l'ai-je descendu? Je cherche encore. Nous étions moi et mes guides d'un sombre à faire pitié. La situation ne comportait ni calembredaines ni gauloiseries.

Celle du jour est plus acceptable. Le couvercle?

révoqué. On a déniché à la base du glacier de Leschaux certaine *Pierre à Béranger* de laquelle on a fait une cabane. La route est allongée, mais pas autant casse-cou.

Enfin, de glissades en *cramponnades*, de jurons en malédictions, nous sommes au plan du glacier de Talèfre, hideux, hérissé, comme un porc-épic, de séracs que nous dominons à notre tour... Il était temps.

A l'horizon, pelouse du Jardin.

— Le Jardin ! le Jardin ! mais, au bout du compte, Monsieur ! Qu'appelez-vous le Jardin ?

— Un brin de patience, Mesdames ! Ne nous emportons pas, de grâce ! ne nous emportons pas ! Sachons-le d'abord, nous sommes à trois mille mètres au-dessus du niveau de la mer...

— De glace ?

— Non, Mesdames... de la mer de Marseille, tron de l'air ! Le glacier de Talèfre, qui se donne le luxe d'un jardin, remplit jusqu'aux bords un cirque d'aiguilles pointues, effilées, soit les Courtes, les Droites, les grandes et petites Jorasses... Est-ce que je sais ? Il y a là de quoi empaler un tiers de Constantinople.

Or, au centre du glacier, dans cet enfer de neiges, dans ce Groënland savoyard, dans ce cadre polaire, Dieu a laissé choir un tableau, le *Jardin..*, le *Courtil* en patois du département.

Oui, Mesdames, sur ce recoin désolé, sous l'égide d'un bouclier de pierres, de sables et de débris, — moraine du glacier, — s'étale et se pavane une plate-forme triangulaire d'environ deux hectares, le Jardin qui, le mois de juillet venu, se tapisse de gazon, que nul pied ne foule, de fleurs que nulle main ne cueille, sinon la main et le pied de rares touristes endiablés, ou de fureteurs de cristaux.

Comment cette oasis dans une Sibérie des Alpes? Pourquoi cette Flore égarée en d'éternels frimas? Problème!

Impuissante à le résoudre, la science a jeté son froc universitaire aux orties. Elle dit toutefois, — et Dieu me garde de la chicaner! — que le reverdissement et la floraison du jardin qui vivent deux mois à peine, sont dûs à des sources thermales cheminant sous le glacier et pénétrant le sol d'une douce chaleur.

Pardieu! Cette solution me plait. Elle me rappelle la chaufferette de ma vieille grand'mère, mieux encore, les réchauds de plaqué, qu'aux jours de leurs dîners d'apparat, ces dames font arborer sur leur table, pour maintenir à la température normale les entrées et le premier service.

Voilà ce que nous appelons le Jardin... Si mon croquis ne vous satisfait pas, dois-je vous renvoyer aux grands peintres de l'Ecole alpestre? Non, Mesdames! je vous garde.

Nous prenons possession du domaine. Les provisions sont mises au jour... J'aurais dû avoir le rire aux lèvres, l'estomac dans les talons... nullement. L'aspect est trop formidable, l'air trop raréfié. Le dos tourné aux Courtes et aux Droites, j'avais devant moi la coupole du Mont-Blanc, sous une forme nouvelle prise de l'est, à droite les Monts-Maudits, l'aiguille du Moine, puis, entre les Flambeaux et le pic du Géant, son col le plus redoutable sans contredit des Alpes centrales.

Tandis qu'étendus sur le gazon, mes deux guides faisaient un bout de sieste, sous le ciel bleu saphir, à la barbe d'un soleil éclatant mais impuissant à réchauffer, j'allai cueillir quelques fleurs de ce jardin sans rival au monde. Je les serrai précieusement dans mon album, les conservant pour un avenir inconnu.

Dégagé du Couvercle, cauchemar de la journée, je songeais à la petitesse de l'homme devant ces extravagances de la nature, si Dieu ne lui eût donné une volonté pour agir, une intelligence pour comprendre, un cœur pour aimer.

Vers cinq heures, l'expédition rentrait au Montanvers, le même soir au Prieuré. On me demanda mes impressions. Je répondis que je n'avais plus de jambes, que j'avais eu belle peur et que je m'allais coucher.

Le lendemain vous m'auriez vu, Mesdames, la tête grosse comme un potiron, le nez rouge comme celui d'Eugène, de feu Cupelin. Je fis peau neuve.

La course s'exécute aujourd'hui dans de meilleures conditions. Les Alpes, je le répète, suivent la loi du progrès. Toutefois, le succès ne couronne pas infailliblement les tentatives. Je sais un jeune ménage qui n'a pas fait ses frais. Le cousin et la cousine allèrent jusqu'à la troisième moraine. Là, malgré son intrépidité, la gracieuse cousine perdit la tête, ne put dompter sa frayeur, ne voulut plus entendre parler du Jardin et l'on redescendit au Montanvers.

Croyez-moi, Mesdames ! Allez au Brévent, allez au Buet, même aux Grands Mulets... Mais, ne faites pas que vos amis tremblent pour vous ! N'allez guère au Jardin !

Pour y avoir voulu pénétrer par l'infernal col des Courtes entre les glaciers d'Argentières et de Talèfre, l'une de nos gloires alpinistes lyonnaises en est mort, et, avec le digne et sympathique abbé Chifflet, ses deux guides, les Devouassoud père et fils, classés parmi les plus habiles de leur corporation.

§ V — COL DU BONHOMME

La fugue de S... ne m'était pas le seul point noir ; je courais à l'inconnu.

Le col du Bonhomme jouissait dans le monde des Alpes d'une réputation non moins détestable que méritée. On le saluait à peine.

Déjà, l'an 1841 régnant par la grâce de Dieu, le Prieuré de Chamonix, — je veux le redire encore, au risque d'entendre mes lectrices me traiter de radoteur, — le Prieuré prenait les allures d'une capitale microscopique. La civilisation s'y installait en conquérante. En trois mois de représentation le théâtre ne désemplissait pas.

Je le devine, Mesdames, à vos regards narquois. Vous m'allez dire que la cohue des touristes de tout plumage attente à la majesté du lieu... Soit, — que le naturaliste est débordé, le poëte incompris, le penseur dupé... d'accord. Mais, la foule, le mouvement, le tohu-bohu, la caravane qui part, celle qui rentre... Les mulets regimbent, les guides jurent à faire crouler l'aiguille du Goûter, ces dames poussent d'adorables petits cris d'effroi, ces messieurs... ces messieurs lorgnent ces dames, applaudissent à leurs efforts pour se mettre académiquement en selle.

Le soir venu, cent exploits de montagnes alimentent

les tables d'hôte. Les vieux enseignent aux jeunes la grammaire des Alpes.

Au demi-siècle dont je parle, qu'une expédition au Mont-Blanc fût annoncée, on avait pour deux jours de télescopes ou de longues vues. Le bourg tout entier se tenait le nez en l'air. On s'agitait, on tremblait, on se sentait la fièvre. Les dillettantes en alpinisme approuvaient ou critiquaient la marche de la caravane : — Arrivera! arrivera pas! — Les paris s'engageaient, les tontines s'organisaient, les actions faisaient prime.

Et, que le canon de Chamonix vint à saluer de ses pacifiques détonations, le triomphateur prenant possession de son trône de glace, il fallait entendre ces joyeuses clameurs, il faut avoir été témoin de ce délire. On aurait sauté au cou du garde champêtre, on se serait précipité dans les bras de sa belle-mère.

La musique des guides se mettait en mesure de fourbir et d'accorder ses instruments. Elle prenait le *la*, s'alignait et, sur un pas redoublé, partait du pied gauche à la rencontre du héros bouffi, déguenillé, les yeux injectés, se soutenant à peine. Elle l'acclamait, l'escortait jusqu'à son hôtel, et, plutôt que de le laisser dormir d'un sommeil bravement gagné, lui fanfaronnait une sérénade intéressante et intéréssée. Ce même soir la corporation des guides couchait généralement dans les vignes de sa tante. Les artistes musiciens arboraient des panaches de tambour-major.

Tel était le cérémonial. Depuis Pierre Balmat le Précurseur, le Jean-Baptiste de l'illustre de Saussure, jusqu'à 1841, les généalogistes du Mont-Blanc ne pouvaient inscrire au tableau plus de trente ascen-

sions. Le cas était grave, partant rare... Un évènement, presqu'une légende !

Aujourd'hui que le colosse est devenu banal, que
les clubs-alpins ont donné l'élan, que les touristes ont
mis dans le mille, au canon seul est laissée la parole.
La gardera-t-il longtemps en ce siècle de scepticisme,
de positivisme, d'industrialisme et de... charlatanisme ?

Oui certes, une dernière fois, avec ses flâneurs, ses
boutiques de bibelots indigènes, avec ses cabinets de
lecture, ses cafés, *ses Sivori* de grande route et ses
Patti de carrefour, la grande place du Prieuré est
un foyer de guerre à outrance aux enchantements de
Naples, de Venise ou de Paris. — Juillet, août, septembre, trimestre de la canicule. Octobre paraît. La toile
tombe... la neige aussi.

Sachez-moi bon gré, Mesdames, que je me tienne à
quatre, que je mette une sourdine à Plumette pour ne
rien dire ni des fouillis de verdure, ni des forêts om-
breuses, ni des roches moussues où tout est mystère,
silence, recueillement et poésie, où le babillement du
ruisselet né de la source voisine soustrait aux indiscré-
tions de l'écho, cette langue de concierge, douces
paroles, longs baisers... assez Plumette !

Tout au rebours de Chamonix, le Bonhomme, l'allée
Blanche, les gorges méridionales des Alpes Pennines,
représentent l'idéal de l'épouvante et de la terreur. —
Pas de gîtes présentables, la cuisine un mythe... (Toujours 1841, bien entendu.) Rien, rien de nature à séduire
l'habitué du boulevard des Italiens.

Mais aussi, quelles grandes et nobles émotions ! Ces
innombrables glaciers, ces Titans qui, tout d'un jet

s'élancent contre le ciel, comme une gerbe de fusées !
ces forêts d'aiguilles acérées... Oh ! que tout cela,
gracieuses lectrices ! paie avec prodigalité quelques
heures de grenier à foin pour le sommeil, pour la faim
quelques croûtes de pain noir et granitique tranché à
coups de hache.

La vallée de Montjoie que nous allons attaquer par
le bourg de St-Gervais, déjà connu, occupe un rang
distingué dans la hiérarchie des Alpes. Si, pour l'aspect
du Mont-Blanc et de ses prétoriens de l'aile droite, le
Brévent est un accapareur, le Mont-Joli (2.530 mètres),
s'est réservé le défilé des janissaires de l'aile gauche,
aiguilles de Bionnassey, du Miage, du Tricot, de Tré-la-
tête (3.500 à 3.800 mètres), et de leurs inséparables
champs de glace. Belvédère de premier rang, le Mont-
Joli, propice à l'escalade, s'il en faut croire même les
baigneuses de St-Gervais.

Bionnay, St - Nicolas de Véroce, les Contamines,
autant de bourgades semées de ci, de là, autant de
reposoirs. Il faisait si chaud et... si soif !

Malgré tout, Mesdames, c'est avec une joie d'enfant
que, brandissant mon bâton ferré, précédé d'Eugène
chargé de mon sac, je fais l'école buissonnière à travers
cette vallée de Montjoie primitive et patriarcale, que
Dieu garde du typhus de notre civilisation frelatée ?

Nous allons, nous allons... Et voici que mes gros
souliers de montagne...

Je suis honteux de vous initier à de si infimes détails,
chères collègues ! Mais, dites-moi, pourquoi tirer la
vérité de son puits, si ce n'est pour la faire entrer
dans l'histoire ?

Or, en traversant la grande et unique rue des Contamines, Mentor avait exigé que la chaussure de Télémaque fut soumise à la haute inspection du maréchal de l'endroit. Lui, me l'avait rendue constellée d'une mosaïque de clous taillés en pointes de diamant... j'étais ferré à glace.

... Et voici que mes gros souliers de montagne perfectionnés par le maréchal des Contamines heurtent la première marche d'un escalier.

La nuit tombait. A notre gauche les lambrequins d'un glacier. A notre droite la silhouette du Mont-Joli. Devant nous une toute petite chapelle blanche dans les sapins, *Notre-Dame de la Gorge*, très vénérée dans le pays, et dans la gorge de Notre-Dame, le torrent déchaîné du Bon-Nant, se débattant comme un beau diable.

Le coup de soulier de tantôt était tout simplement le prélude de l'attaque, à pied armé, d'une côte, mieux encore je ne m'en dédis pas, d'une façon d'escalier brut taillé dans le roc, par où, d'un angle de la chapelle, on se hisse au chalet du Nant-Borand, lieu d'étape.

Eugène escaladait cela comme vous feriez, Mesdames, de votre premier ou second étage,

— Eh! là-bas! Pas si vite!.. Je ne peux plus vous suivre.

— Monsieur veut badiner ?

— Monsieur ne badine pas... Vous êtes encore drôle... vous! Gueux d'Eugène! si vous croyez qu'on a des jambes d'acier fondu !

— Bah ! Bah ! Elles en verront bien d'autres.

— Y serons-nous bientôt ?

— Où cela ?

— Au Nant-Borand.

— Dix minutes...

— Connu, connu, les dix minutes ! Doublons... et n'en parlons plus. Est-on à peu près bien dans votre cassine ?

— Peuh !

— Qu'allons-nous prendre pour dîner ? J'ai la fringale... Et vous, Eugène ?

— Eh ! Eh ! Je casserais tout de même une petite croûte de demi-livre à trois quarts.

— Aimez-vous les côtelettes ?

— Pour sûr, je *n'haïs* pas les côtelettes... bien grillées... avec des oignons...

— Vieux gourmand ! Nous demanderons des côtelettes...

— Il n'y en aura pas...

— Il-n'y-en-aura-pas !! Je voudrais bien voir !

— Vous verrez !... Justement, c'est aujourd'hui jeudi.

— Eugène ?

— Monsieur !

— Je ne suis pas curieux... Mais, voyageant pour m'instruire, je serais enchanté d'être mis au courant de l'influence du jeudi sur les côtelettes de mouton... Parlez !

— Voilà ! Suivez bien mon raisonnement...

— Je suis à yeux fermés.

— Le Nant-Borant s'approvisionne aux Contamines...

— Exemple : les clous à ferrer...

— Ah ! si Monsieur me coupe...

— Je ne couperai plus.

— Et, comme le boucher des Contamines ne tue que le vendredi !

— Arrêtez, malheureux ! Arrêtez ! Il n'y aura pas de côtelettes ! Portons-en le deuil... Rabattons-nous sur le jambon frit...

— Il n'y en aura plus...

— Sacrebleu ! Il n'y a donc rien de rien, dans votre f... barraque.

— Faites excuse ! Monsieur ! Faites excuse ! Beurre, fromage, pommes de terre, soupe au riz...

— Caramels, bonbons, biscuits, massepains, de la bière...

— Vous dites ?

— Rien... Un souvenir du pensionnat de S... Diable ! Diable ! Et pour coucher ?

— Pas de crainte... Le chalet a un lit.

— Et... s'il est occupé ?

— La grange à foin...

— En avant ! mon brave Eugène ! En avant !

— Monsieur retrouve ses jambes.

— Je crois, fichtre ! bien.

— Doucement... Doucement... Elles vont prendre *la mort* aux dents.

— Le lit, mon ami, le lit !

La rampe du Nant-Borant résonne sous nos clous, qui en font jaillir une orgie d'étincelles. Bientôt une lueur qui brille, une porte ouverte, une maisonnette rustique. Le chalet ... Je m'y précipite... Le lit est vacant... Sauvé, mon Dieu !

Après une marche forcée de huit heures, la question table, avec ou sans côtelettes, était peu de chose. La question lit était tout. J'expédie la soupe au riz prophétisée par Eugène et vais m'enfermer à double tour dans la niche décorée du nom de chambre, où je m'engouffre dans un tiroir décoré du nom de lit.

Tout bien considéré, les draps étaient blancs et la couverture chaude. Donc, c'était un lit, un lit approximatif.

— A peine dans le feu du premier sommeil, on frappe... je saute en l'air...

— Qui vive !

La voix d'Eugène : Une dame !

— Une dame !... Vous ?... Une dame... à pareille heure ? Connais pas... vous dites : une dame ?

— Qui descend du Bonhomme. Elle vous prie de lui céder le lit...

— Le lit tout entier ?

— Oh !!! (Derrière la porte, mouvements prolongés, murmures d'indignation !)

— Fichez-moi le camp ! J'ai le lit, je le garde.

— Mais.., la dame est *éreintée*... La dame tombe de lassitude...

— Bah ! C'est différent... On va voir... Priez la dame d'attendre... On va se mettre en toilette.

Aussitôt présentable, j'ouvre.., et je reste bouche béante, yeux écarquillés. La dame était... était un monsieur !

Un tout petit Monsieur, imberbe, mignon, svelte, minois éveillé, bottines à doubles semelles, pantalon extra-large, blouse serrée à la taille, gibecière en sautoir, chapeau mou posé crânement sur l'oreille, refoulant non sans efforts, une forêt vierge de cheveux blonds et bouclés.

Il était à croquer, ce gamin…, charmante jeune femme courant les Alpes sous l'étiquette masculine, au bras d'un honnête Zurichois son mari. La pauvrette se soutenait à peine. Refuser le lit eut été le fait d'un Peau Rouge ou d'un Patagon. Je me désiste gracieusement en faveur de la frêle pèlerine qui me remercie du sourire et de la main.

Restait le mari. C'est sur sa tête qu'éclate la vengeance. Je lui fais partager mon sort, je l'entraîne vers la grange et le plonge dans le foin jusqu'aux oreilles.

Le Zurichois me récite son odyssée. Professeur au gymnase, marié depuis un mois, sa femme et lui font à pied leur voyage de Cythère, ce qui motive et justifie le travestissement pittoresque de Madame. Les deux amoureux descendent du Bonhomme qu'ils ont passé au clair de la lune… de miel. Ils vont à Chamonix par le col de Voza…, etc., etc., etc. Le Zurichois s'endort, je lui emboîte le pas, les guides ont pris les devants. Ronflement sur toute la ligne !

On ne saurait cependant pas affronter les chances d'une ascension au col du Bonhomme sans autre lest qu'une soupe au riz. Prévoyant et positif, je m'étais, dès la veille, ménagé des intelligences dans la place à l'endroit de la Lucrèce savoyarde qui présidait aux destinées du chalet en l'absence de son mari grand chasseur de chamois devant Dieu. Terrible métier ! La pauvre femme s'attendait chaque matin à s'endormir veuve le soir, et, pressentant ce veuvage, j'avais eu d'elle la promesse d'un cuissot de chevreau rôti pour le lendemain.

Eugène me réveille au point du jour. Nous nous étirons comme veaux en foire, nous secouons les brindilles de foin qui, accrochés à nos vêtements, font mine de nous suivre et nous vaquons en silence aux préparatifs du départ.

Je désirais échapper aux actions de grâce des amoureux de Zurich qui dormaient toujours... séparés de corps, et toutefois je n'eusse pas été fâché de leur laisser ma carte de visite.

Je n'avais pas de cartes, mais j'eus une idée.

Eugène est dépêché à la cueillette de quelques touffes de rhododendrons en fleurs dans la banlieue du chalet. J'en forme un groupe artistique, et l'attache au bâton ferré de la petite touriste, hommage anonyme du Français dont elle venait de gaspiller si bien le sommeil et d'escroquer le lit.

Oh! Mesdames! L'âpre solitude que ce Nant-Borant! A ses pieds la gorge d'hier, la chapelle, les sapins, la cascade et l'échelle de granit. En face l'énorme glacier de Tré-la-tête ridé de crevasses grand module. A droite les étages ou plans qu'il nous faudra gravir pour atteindre le col étranglé entre trois sommités, le Bonhomme (2,695 mètres), la femme du Bonhomme... — On ne dit pas la *Bonne Femme*... Pourquoi? — le Petit Jean leur fils unique et héritier présomptif... Plus une quatrième aiguille, *la Rousselette*, une voisine, une amie de la maison Bonhomme.

Ne trouvez-vous pas, Mesdames, un brin de poésie à la manière dont les enfants de la Savoie administrent le sacrement du baptême à leurs montagnes bien-aimées?

Une voilette de gaze estompe l'horizon. Bon temps...

froid vif... de ces froids à faire sourire un ours blanc.

Le café pris, nous filons. Eugène se dandine sous la double charge de mon sac et des vivres de campagne dont il a l'intendance. Le torrent traversé sur une planche de mélèze, nous obliquons à droite dans la direction du premier plan, dit Plan Jovet.

Les Romains, — vous ne l'ignorez pas plus, Mesdames! que Plumette et moi, — les Romains sont allés partout, même au Bonhomme.

— Allons, allons, Monsieur le Conteur, celle-là est trop forte !

— Trop forte? que non pas, ma lectrice! Et la preuve, les médailles des Césars, ces vestiges d'autel découverts au Plan Jovet, autrement parlant de Jupiter, le grand maître des foudres de l'Olympe... Vous voyez bien !...

Rencontre de certain petit lac d'un noir à faire rougir le cirage de l'honorable maison Jacquand père et fils de Lyon, puis nouveau perron pour atteindre le second palier. Plan des valets.

Pourquoi ces valets? A tout à l'heure, Mesdames !

Troisième assaut. Laissez-moi vous présenter le plan des Dames plus sauvage encore, plus désolé... car s'il en faut croire la légende...

— Il y a une légende ?.. Ah !

— Parfaitement... Oui, Mesdames, une légende... malheur au pays qui n'en a pas!

— Bravo ! cher conteur ! Bravo ! La légende ! La légende !

— En je ne sais quelle année du dix-septième siècle, une haute et puissante dame faisait, portée dans sa litière, la course du Bonhomme. Elle se rendait de la province du Faucigny au pays de Tarentaise. Sa camériste l'accompagnait, ses estafiers formaient l'escorte.

La caravane avançait péniblement, lorsque le temps se prend à faire des yeux louches, le ciel à froncer le sourcil, le vent à rugir dans le défilé, la neige à tourbillonner, menue d'abord, compacte ensuite et finalement serrée en diable.

— Aller plus loin était braver Dieu... Dieu n'aime pas qu'on le brave !

— Les guides délibèrent ; ils opinent pour le retour. La noble dame qu'anime un grand courage, ou que sollicitent de graves intérêts...

— Lesquels, Monsieur le Conteur ?

— On ne l'a jamais su... Intérêts de cœur il faut croire... les seuls qui fassent les héros et... les fous !

— La grande dame, — ajoute la légende, — persiste, s'obstine et donne le signal de l'attaque.

— Jusqu'au petit col, la troupe se traine tant bien que mal. Elle veut forcer le redoutable défilé... peine perdue. La tempête mène si grand tumulte, la neige tournoie en spirales si vertigineuses, l'obscurité vient si menaçante que la châtelaine et sa compagne perdent la tête et fuient éperdues, chancelantes, affolées.

— Inexorable, la trombe les poursuit, les atteint au plan qu'on venait de quitter à peine, les tord, les roule sur le granit, les soulève... Oh ! mon Dieu ! oh ! mon Dieu !

On les perdit dans la brume. On entendit un grand cri : « Seigneur ! Seigneur ! ayez pitié de nous !... » Et ce fut tout.

La bourrasque apaisée, deux cadavres furent trouvés

enlacés dans une étreinte suprême... Châtelaine et suivante... L'égalité dans le martyre et dans la mort !

— Voilà le plan des dames !

— Les estafiers, des lâches, avaient fui les premiers. Le monstre se met à leurs trousses et les dévore à leur tour ; si bien qu'ils vont rendre leurs vilaines âmes au diable sur le second plateau, lui léguant le nom infâmant de Plan des Valets.

— Rien ici ne témoigne du drame. C'est justice ! ne devaient-ils pas, ces misérables, faire aux pauvres égarées un rempart de leur corps, les arracher à la tempête, ou mourir à leurs côtés ?

— Eh ! Mesdames, je le sais... nul n'est soucieux de mourir pour son prochain, pas même pour soi... Mais, pour une femme ! mais cette femme..., si on l'aime, mère, épouse ou fille !... Qui donne le cœur donne le bras, au besoin la vie.

— Les cuistres sont oubliés, n'en parlons plus. Revenons au Plan des Dames où la foi et la piété ont perpétué la légende.

— Au centre du plateau se dresse une pyramide de cailloux moins fière et plus touchante que celle des Pharaons. La dessous, et c'est le mot de la fin de ma légende, là-dessous, Mesdames, dorment en paix les deux victimes du Bonhomme et voici deux cents ans que le passant apporte sa prière à l'informe monument.

Cela peut sembler naïf et prêter au sourire. Ah ! Mesdames, ne riez pas de la légende !... On n'en rit pas au Bonhomme ! Ce fut la tête découverte, la prière aux lèvres, que j'acquittai mon tribut de touriste et de chrétien au mausolée du plan des Dames.

A son extrémité supérieure se dresse une cheminée à la Brévent. Franchir sa gaîne est un jeu pour les deux ramoneurs qui, du faîte, voient s'ouvrir devant eux le défilé fatal où se révèlent les dangers et le mauvais esprit du passage.

Loin derrière nous s'était arrêtée la dernière souche de sapin, sentinelle perdue et mourante à la base du Plan Jovet. Jusqu'au plan des Dames, nos pieds avaient foulé des gazons rudes et ras. A partir de là, plus un brin d'herbe, pas une graminée, pas un saxifrage, rien, rien de la végétation terrestre. Rocs décharnés, fauves, raboteux, et, rocs encore... — Réduction de l'Arabie pétrée.

Nous abordons une corniche diabolique taillée au flanc gauche du Bonhomme et faisant saillie sur des précipices que le regard n'ose interroger. Celui qui ne sait réagir contre l'infernal puissance de l'esprit de l'abîme, celui que la tourmente surprend dans ce chemin d'acrobate, celui-là, que Dieu lui fasse paix et miséricorde !

Peu d'années avant moi, deux touristes anglais avaient été là, là même.., étouffés dans un ouragan de neige.

Le bon et vaillant Eugène me fut un envoyé de la Providence. Aux endroits les plus mal famés, ceux que recouvrait sournoisement une neige mobile, mon digne chamounard m'empoignait et me serrait le bras comme dans un étau. J'avais beau lui crier comme à un sourd : « Sacrebleu ! vous me faites mal ! » il fallait marcher et je marchais soutenu je ne sais trop comment, sans que lui se souciât autant du précipice que d'une chiquenaude.

A dix heures nous franchissons le premier col, celui que je crois être le bon... Erreur ! Il en est le vestibule.

Le col authentique réclame de nouveaux efforts gymnastiques à travers les éboulis; nous abordons enfin l'arête du Bonhomme (2,485 mètres), signalée par une croix de bois... Elle en voit de rudes... Croyez-moi!

On déblaie un carré de neige pour se reposer à l'ombre du symbole de la Rédemption et pour déjeûner. Toujours aux petits soins, Eugène commence par emmailloter le poupard exténué dans sa couverture de laine. Cela fait, il procède au déballage des vivres de campagne.

Menu : La cuisse de chevreau, premier, second services, fromage momifié, dessert, pain de seigle, vin, petite *jinguette* de la vallée de Sallanches..., une bouteille, ni plus ni moins... C'est qu'il faut compter avec le sang-froid sur ce brigand de Bonhomme où la tête doit sauvegarder les pieds.

Ce qui suit, Mesdames, est le récit abrégé de l'un de ces *banquets* alpestres dont le souvenir est impérissable. La joie, l'orgueil, l'appétit..., un appétit à dévorer la soupe aux cailloux des deux capucins.

— La soupe aux cailloux ? Monsieur le Conteur ? Pardon! notre cuisinière bourgeoise n'en donne pas la recette...

— Je m'en doutais, Mesdames... Cherchez dans les deux volumes de J. Gouffé (Paris, Hachette, 1867). Vous ne trouverez peut-être pas. C'est égal.

Le chevreau devait remonter au déluge. Nous en eûmes raison, nos dents firent des prodiges d'héroïsme; il y passa tout entier.

Pendant les entr'actes, Eugène me faisait le boniment de la contrée dont je dominais le plan en relief.

— Attention, Monsieur! attention!.. Tournez la tête.

Derrière vous la vallée de Montjoie, l'aiguille de Varens
au-dessus de Sallanches, la chaîne des Fiz, au fin fond...
le Buet ! Oblique à droite... Fixe ! Le petit St-Bernard
par où l'on va de France en Italie... Même qu'Annibal
y a passé...

— Annibal ?

— Oui, Monsieur !... Annibal lui-même ! ce fameux
général romain...

— J'entends bien... le grand vainqueur des Carthaginois...

— Vous y êtes !...

— Je m'étais pourtant laissé dire qu'Annibal, ce
fameux général...

— Romain...

— Oui, Eugène, oui... avait franchi les Alpes au
Mont-Genèvre en Dauphiné suivant les uns... au dire
des autres...

— Des cancans, Monsieur, des cancans !.. Avec çà,
la concurrence.

— Vous m'en direz tant !... Continuez, Eugène ?

— Oblique à droite !... Fixe ! Prenez la grande lunette !
Vous verrez comme je me fais l'honneur de vous voir,
le pic de Cognes, le rendez-vous, la foire aux chamois...
le mont Iseran... Rayez de la carte le mont Iseran, il
n'y aura plus de département de l'Isère.

— Que me dites-vous là ?... Grands dieux !

— Dame ! Plus d'Iseran, plus d'Isère... Plus d'Isère,
plus de département...

— Quel terrible logicien... Allez toujours, Eugène,
allez toujours...

— Du côté de bise, la Tournette qui finira mal... par un

coup de tête dans le lac d'Annecy, et là bas, d'où souffle la traverse (vent d'ouest), le Mont-Cenis, les Alpes de la Tarentaise, de la Maurienne et du Dauphiné.

— Leurs noms, mon ami ?

— Leurs noms, Monsieur ? Connait-on ces gens là ? On parle bien d'un certain Pelvoux.

— Le rival français du Mont-Blanc !

— Lui-même !... Vous le connaissez, Monsieur V...

— De nom... l'an dernier... par un de mes amis revenu de Sept Laux d'Allevard...

— Fière course, pas vrai ? Les Sept Laux ?

— Un petit Bonhomme !

— Credié !

— Savez-vous, Eugène, ce qu'il faudrait pour que les groupes de la Tarentaise, de l'Oisans et leurs trésors alpestres devinssent accessibles et populaires comme Chamonix et le Mont-Blanc ?

— Dame ! Je m'en doute un peu.

— Une poignée d'alpinistes intelligents, secouant la routine, se vouant à l'apostolat pour leurs montagnes, quelques gîtes abordables, des guides honnêtes et courageux comme... comme vous, mon brave. As pas peur mon vieux ? cela viendra...

— Le plus souvent ! Pour enfoncer notre Mont-Blanc, notre gagne-pain.

— Non, non !... Dieu pour tous !

— Pas moins... que Monsieur laisse le Pelvoux où il est et qu'il regarde au fond de ce cul-de-sac.

— Un groupe de cabanes...

— Le Chapiu, sans vous commander... un drôle de trou. On y récolte plus d'engelures que de coups de soleil. Nous descendrons par là si Monsieur rebute le col des Fours.

— Avec vous je ne rebute personne. Passez devant, je vous suis...

— Monsieur n'est pas là sans savoir que les Fours sont plus gentils que le Chapiu...

— Et bien! vrai... Je ne m'en doutais pas...

— Voilà qui est bon! Vous verrez?... Par exemple, je dois vous prévenir d'une chose qui va vous... embêter.

— Embêtez moi... Dites vite!

— Que c'est une *regrimpillade*... Vu que les Fours ayant huit mille cent cinquante-sept pieds, et le Bonhomme sept mille quatre cent cinq... reste... sept, sept cent deux pieds à mettre dans nos souliers...

— Voyez comme il calcule, ce diable d'Eugène?

— C'est la Claudine...

— Quelle Claudine?

— La mienne donc...

— Bien, bien!... qui tient l'école.

— A votre service...

— Merci! Vous lui ferez mes compliments... Peste! Va donc pour le col des Fours! Je n'en suis pas à sept cents pieds de plus ou de moins... Voyons... Etes-vous content,.. Polytechnicien?...

— Ah! si Monsieur se met à me dire de gros mots!

— Moi? jamais... Une dernière tournée de kirsch pour faire glisser la bique... Et, en avant!

— En avant, morbleu!... Tenez, Monsieur V..., vous serez un dur à cuir...

— Ainsi soit-il!...

Pour trouver le col des Fours nous devons revenir

sur nos pas, puis nous défiler à droite par un couloir de neige et le gravir en décrivant de nombreux lacets. En une heure nous sommes sur l'arête.

Bien que supérieur en altitude, le col des Fours n'a pas de portée visuelle autre que le Bonhomme, mais par les crénaux du col de la Seigne, le voisin d'en face, le regard pénètre dans l'allée Blanche, portique de l'Italie.

— Eugène ! vous qui savez tout...

— Oh ! Monsieur !

— Pourquoi ce nom : les Fours?

— Sais pas... Je le demanderai, vous m'y faites pen-ser, au guide chef de chez nous... un malin, savant comme un livre.

— En fait de fours je ne vois guères que des neiges, mauvais combustible pour les brioches et les petits *fours*... Mâtin ! quelle température de Sibérie ! Brrr !

— Monsieur trouve !

— Je cours après ma respiration.

— L'air !

— Mes tempes ont des bourdonnements...

— Le sang.

— Je dormirais bien.

— Sacredienne ! Ne plaisantons pas... Sur ces hau-teurs dormir... c'est le premier coup de cloche pour l'autre monde... On dormira là-bas dessous, au chalet des Motets qui nous crève les yeux.

— Tiens ! les Motets ! Déjà ! Que nous faut-il bien de descente ? Une petite heure ?

— Une petite et deux grandes... Comptez.

— Farceur ! nous sommes dessus...

— Dessus, possible... Dedans, bernicle ! Monsieur verra... Trois heures sans en rabattre un centime... et encore par la poste...

— La poste ? Nous allons rouler en poste ?

— La poste... Autrement dit : la ramasse...

Les hauts talus d'une montagne de la taille des Fours sont presqu'éternellement zébrés de bandes de neige comblant les arêtes. Si les arêtes sont franches, sans aspérités visibles, vous vous laissez aller ; la pente fait le reste.

Nous autres montagnards, nous admettons pour la ramasse deux théories identiques comme résultat, mais en tant que forme très dissemblables. La première consiste à se lancer debout, à la façon des patineurs, les pieds creusant leur sillon. Les guides seraient mis au pilori de l'opinion s'ils pratiquaient autrement.

Moins transcendante, plus terre à terre, la seconde méthode. Ses règles permettent de s'asseoir bourgeoisement sur la neige et de se pousser de l'avant, si la vitesse emporte on se couche sur le dos. Le frottement amortit l'essor. C'est la manière de serrer les freins.

Le côté faible du système se révèle à la zône inférieure du névé. Moins épaisse, en contact immédiat avec la terre ferme qui dégage son calorique propre, la neige accentue sa fonte, si bien qu'à moins de jeter l'ancre à propos, le navire s'en va couler dans un bain de siège.

Rien de plus émouvant que ce procédé de locomotion. On se sent emporté dans l'espace, sans secousses, comme un boulet de canon. Avec quelques mesures de préservation, avec certains arrangements de robes et de manteaux, les dames s'en tirent très gracieusement. Elles rient comme de petites folles.

Eugène montre la voie. Fièrement campé sur ses deux pieds à la Charlemagne, de son piolet se faisant un gouvernail, il se trouve en moins de cinq minutes aux confins de la rampe de neige longue d'un demi-kilomètre.

Ce fut mon tour.

Je vous étonnerais beaucoup, Mesdames, si je vous disais que je plaçais ma confiance ailleurs que dans le centre de gravité. (Numéro deux de la théorie). J'en vins à mon honneur. Le stage eût été parfait sans un accroc qui s'est reproduit avec acharnement dans mes autres expéditions alpestres.

Manœuvres inhabiles du bâton ferré, vices de pondération, ou toutes causes me font invariablement toucher au port l'arrière à l'avant et *vice versà*. Le centre de gravité l'emporte aux éclats de rire irrespectueux de la galerie.

Après les neiges, les gazons, le torrent, les pâturages... un banc.

Jamais planche sur ses quatre pieds ne fut l'objet de plus ardentes, de plus légitimes convoitises. Je m'y repose avec ravissement. Tout à coup, des quatre points cardinaux accourent un essaim de porcs, un troupeau de marmots grognant, grouillant, piaillant, reniflant, se jetant dans mes jambes avec le sans façon des gestes et l'hébêtement des yeux.

Au sein de cette population mélangée, aucun moyen de trier ce qui sera tôt ou tard l'animal raisonnable de ce qui se verra converti en jambons fumés ou en cervelas truffés.

Si le dictateur du Nant-Borand faisait la chasse aux chamois, l'autocrate des Motets se consacrait à l'industrie de sevrer les cochons... (sauf respect) et d'engraisser les enfants !

Plumette fantaisiste s'embrouille dans les verbes. Pardonnez-lui, Mesdames ! Plumette est une détraquée.

Entouré, cerné, bloqué, je me sauve dans l'usine, — auberge par surcroît, — je dévore ce qui se présente et demande ma chambre à coucher.

L'éleveur me guide, m'installe et se retire me laissant cet adieu gros d'espoir : Monsieur dormira gentiment... gentiment... La maison est tranquille...

Oh ! Disciple de Machiavel ! Oh !

Mon désir serait, Mesdames, de ne pas charger de nouveaux croquis cette journée déjà si longue, hélas ! pour vos oreilles, pour votre angélique patience... et toutefois comment faire ?

Comparé aux Motets de cette fatale soirée, le Nant-Borand d'hier était un palais des mille et une nuits. La chambre des voyageurs, bouge parfaitement réussi, chaise bancale, table claudicante, coffre foncé d'un fantastique matelas. En guise de parquet des planches vierges que le rabot n'a jamais violées. Entre chaque lame un vide. Pied-à-terre à claire voie, cage à poules !

Droit au-dessous de l'appartement, par suite en intime communication, l'étable des vaches, des chèvres, des porcs à côté l'écurie des moutards.

— J'esquisse une grimace de damné, me déshabille à demi pour être prêt à tout évènement, et me couche tout de mon long triste comme la statue de la résignation... bien certain d'ailleurs, — vu la couleur locale, — de n'être pas délogé par une autre Zurichoise en voyage de noces. Dans ma boîte au matelas, je prie Dieu de m'envoyer le sommeil. Hélas! Dieu semblait avoir épuisé au Bonhomme le trésor de ces grâces disponibles.

Bientôt me vient la perception vague de certains éclaireurs rôdant autour de la proie qu'ils s'apprêtent à dévorer. Le corps d'armée se renforce, la territoriale donne, et c'est au bout de dix minutes une levée de parasites altérés dessinant, sur le vif, les arabesques les plus compliquées; cela bondit, se croise, charge, fait de la stratégie transcendante; je suis envahi.

Autre volupté. Les bêtes du rez-de-chaussée ne se prennent-elles pas à ruminer, à beugler, à grogner en chœur? La marmaille d'à côté ne s'avise-t-elle pas de broder sur le thème d'en bas toutes sortes de variations enragées? Les Motets transformés en conservatoire...

Exaspéré, haletant je fais appel à la littérature des grandes occasions :

— Vous tairez-vous, tas d'animaux! Eh! Patron? holà! l'homme!

— Voilà, Monsieur! qu'y a-t-il pour votre service!

— Il y a, vieux coquin! qu'on dort joliment chez vous...

— On est libre de dormir!...

— Votre lit a des bêtes?

— Faites excuse!... C'est des puces...

— Parbleu! Je les sens bien... Faites donc au moins taire vos élèves et vos pensionnaires?

— On y va !

Sur quoi, le chaletier, je lui dois cette justice, fait tomber équitablement sur les voisins d'en bas, une grêle de coups de trique, une averse de calottes sur ceux d'en haut. Le calme renait. Ciel d'azur entre deux nuages.

L'ouragan ne tarde pas à se déchainer plus violent. D'un autre côté les arabesques vont leur train.

— Eugène ! à moi ! Eugène ! au secours !

Dans le paroxysme de la folie furieuse, me trouvant, d'ailleurs, indigne des palmes du martyre, je saute du lit, je dégringole par l'escalier, et dans la salle à manger... (à manger, quelle ironie !) je trouve... qui ? Eugène, mon Eugène, le traitre !... en tête-à-tête avec le bourreau des Motets, et, — circonstance aggravante, — le verre à la main.

Les deux gredins partent d'un éclat de rire olympien. J'aurais donné vingt francs au premier sbire ambulant pour les faire étrangler. Que pouvais-je bien porter sur moi de si folâtre ? Je me regarde... Horreur !

Du gris le pantalon avait poussé au noir. Du blanc la chemise avait poussé au gris. Visage, mains, tatoués, comme s'ils revenaient de la Polynésie. Une fourmilière de la tête aux pieds. Entre les deux épaules on aurait pu me coller cet écriteau :

Au rendez-vous des savoyardes !

Saisir les savoyardes au vol, les rouler, suivant l'usage, les étourdir délicatement entre le pouce et l'index, il y en aurait eu jusqu'aux trompettes du jugement dernier. Un procédé plus expéditif était dans mes vœux. Eugène me l'indiqua.

7

— Pauvre Monsieur V... Si nous étions à Chamonix je vous dirais : allez piquer une tête dans l'Arve.

— Vous êtes bien bon...

— Mais nous n'avons pas l'Arve à notre portée. Pour lors...

— Pour lors ?

— Vous allez sortir ?

— Sortir ?

— Vous promener de long en large...

— Me promener de long en large ?

— Fumer une pipe... ou deux...

— Prêtez-moi la vôtre, Eugène ?

— Avec plaisir...

— Non... elle est trop... Un cigare, si vous voulez ?

— Cà revient au même.

— Merci !

— Vous étudierez au clair de la lune les environs des Motets...

— Paroles et musique...

— Vous dites ?

— Rien.

— Vous penserez à vos amours...

— Mais...

— Et dans une heure, rentrant au chalet, vous n'aurez pas plus de puces que Mossieu et moi.

Pas plus... cela donnait encore à réfléchir.

Mieux valait, en somme, tenter l'expérience et réaliser le programme de Mentor. Je sortis donc, j'allumai un cigare, je me promenai de long en large, je fis sur la cosmographie des Motets une étude raisonnée, de laquelle il résulta :

1° Que le chalet repose au fond d'un entonnoir;

2° Que l'entonnoir est inabordable, sinon par la gorge sauvage montant du Chapiu, par le col des Fours, la petite connaissance du jour, et par le col de la Seigne appelé à devenir la haute connaissance du lendemain;

3° Qu'un énorme glacier, — glacier de Belleval — tombe comme une queue de cheval de la croupe du Mont-Blanc ;

4° Que la calotte du Géant n'est pas visible des Motets. Lui trop haut, moi trop bas.

J'allais songer au... dernier article de la consultation...

La voix d'Eugène :

— Assez, Monsieur... Vous allez geler. Rentrez vite.

J'obéis. Je m'attable en face de mes deux rieurs, en train d'épuiser leur seconde bouteille et leur quatrième histoire; à la quatrième pinte, au huitième racontar, nous dormions tous les trois, les coudes sur la table, la tête dans les mains. Le chalet, silencieux comme un cloître de trappistes.

Vers quatre heures du matin nous fûmes réveillés par le tonnerre d'une avalanche grondant au glacier de Belloval.

J'avais une courbature, mais plus d'étrangers. L'armée conquérante avait repris ses cantonnements : Mon territoire était libéré.

§ VI. — ALLÉE BLANCHE.

Au fracas, je m'élance hors du chalet, en néophyte jaloux de contempler d'une loge d'avant-scène l'éblouissante cascade étudiée seulement dans les livres d'images.

Hélas! Mesdames, en cela comme en cent chapitres de la vie, déception! déception!

Je me trouve claquemuré dans un brouillard d'une densité à ne pas reconnaître à deux pas son propriétaire, ni son curé.

— Monsieur! holà! Monsieur!... — me crie Eugène sorti à ma suite — me faisant la chasse. — Où est Monsieur?

— Ici, Eugène! et vous?

— Là... Je ne vous vois guères...

— Moi, c'est différent, je ne vous vois pas...

— Bon temps tout de même...

— Bon temps? Voulez-vous finir vos blagues?

— Basta! Basta! Signor! fait Eugène, se croyant tenu de parler l'idiome du noble pays d'Italie dont nous foulons le seuil. Vous avez de la chance!...

— Oui, la chance de me faire asphyxier dans cette atmosphère de coton cardé...

— Basta! Basta! Dans une heure vous m'en donnerez des nouvelles...

Le brouillard du matin!...

L'ami du pèlerin!...

— Poëte !... Eugène ! Vous aussi !...

— Non, Monsieur... Une vieille chanson du pays...
En route ! En route !

— Vous êtes toqué... Nous allons nous égarer...

— Eugène n'est pas toqué, et ne s'égare jamais. En
route ! La chandelle se brûle...

L'orphéon des Motets réorganisait son festival. Ah !
pour le coup on se décide..., on part.

Nous commençons à gravir à tâtons les pentes de la
Seigne. Lacets sur lacets. Au bout d'une heure et demie
nous trouvons le col (2,532 mètres), ouvert entre la
chaîne centrale du Mont-Blanc et la Sierra secondaire
dont le point culminant est un pic très honorablement
classé dans l'album des alpinistes sous le titre de
Cramont. Son diplôme panoramique en fait le concur-
rent méridional de notre vieil ami le Brévent. C'est tout
dire...

Là, sur le col de la Seigne, aux confins de deux
créations et de deux mondes, près de la croix dont les
bras déployés indiquent la limite entre le Piémont et
la Savoie, le voyageur s'arrête muet d'émotion, aux
premiers aspects de l'Italie. Là, viennent l'assaillir
mille riantes images, mille glorieux souvenirs de la foi,
du génie des arts et de l'antique civilisation.

Pour le moment, rien... rien sinon le brouillard qui
me saute à la gorge, ainsi qu'un malfaiteur...

— Eh bien ! Monsieur ! nous y voilà sur cette gueuse
de Seigne... Ce n'est pas la mer à boire...

— Non... C'est la mer à couper au couteau... Fameux
votre temps !...

— Dame ! En fait de suie...

— Dégoûtant, ma parole d'honneur ! Vous en devriez rougir...

— Basta ! Basta !

— Eugène ?

— Monsieur ?

— Où prenez-vous le Mont-Blanc ?

— Là... sur votre gauche... vous le touchez de la pointe du bâton...

— S... animal de brouillard !... Et l'Allée Blanche ?

— Sous vos pieds... Prenez garde... Vous allez y dégringoler... Ne bougez plus... Un faux pas est sitôt fait.

— Que Satan vous extermine ! vous, Eugène !

— Oh ! Monsieur !

— Et votre canaille de pays... Si vous croyez que je vais percher sur votre col comme un perroquet, sans compter les ours dont quelque patrouille rôde peut-être dans le voisinage... Moi d'abord j'ai peur... que faire ? Voyons ?...

— Voyez ?

A ce moment, les masses nébuleuses se prennent à bouillonner comme dans une marmite prêtée par l'Enfer. Obéissant, dirait-on, à la baguette d'un nécromancier, les vagues se tourmentent, s'agitent, se mettent en insurrection. Les nuées se replient, le rideau se lève, et quel spectacle improvisé ! Quel ravissante extase ! Quel effrayant chaos des maîtresses ruines de la nature !

L'horizon est encombré de barricades gigantesques trouant de mille points à la fois le ciel et ses radieuses clartés. Devant moi, Mesdames, à des profondeurs nouïes, se creuse l'Allée Blanche et son petit lac, miroir de poche des Titans ses voisins. Au delà, quelque peu de verdure… pour la forme, jusqu'au groupe du Saint-Bernard, au Vélan, au Combin qui, à perte de vue resplendissent en l'azur du ciel.

Cette horde de pics vus de profil, présentent les tranches verticales de leurs feuillets granitiques. On a devant les yeux l'irrécusable témoignage de la monstrueuse crise géologique dont l'effort redressa ces masses énormes.

Tout près de moi, s'élançaient trois de ces pyramides taillées en lames de poignard.

— Eugène? Quel est cette clarinette à longue portée?

— Le Mont-Broglio.

— Et cette autre?

— Le Mont du brouillard…

— Merci! Je sors d'en prendre. Et la troisième?

— L'aiguille du Pèteuret ou Pèteret…

— Pèteret?… Où diantre ai-je connu un roi de ce nom?

— Dans le royaume des hannetons…

— C'est fichtre vrai. Poète tout à l'heure. Entomologiste ici! Je n'y comprends plus rien, mon savant ami.

— Moi, pas davantage.

Du Mont-Blanc lui-même, que vous dire, Mesdames? Un dôme aérien couronné d'une coupole de neige moins voisine, dirait-on, de la terre que du firmament. De ses flancs jusqu'au niveau de l'Allée Blanche se précipitent dix glaciers qui semblent toujours à la veille de l'engloutir. Rien de moins en harmonie avec le Mont-Blanc de Chamonix que le Mont-Blanc de l'Allée Blanche ou de Cormayeur. Le contraste est absolu. Au nord, la chaine fait éventail, se déploie en escalier. Le regard fouille les champs de glace avant de s'arrêter à la sommité vraie, tandis qu'en son revers méridional le géant se dresse tout d'une pièce, comme le grand mât d'un navire de premier rang.

Supposons, Mesdames ! une chose absurde, extravagante, hors nature. Nous sommes l'une de vous, laquelle ? et moi, sur l'arête du Mont-Blanc... Vous êtes à demi-morte de frayeur, d'émotion, de froid... Moi aussi, morbleu !

De nos mains glacées s'échappent nos alpenstocks. Le vôtre prend la direction de Chamonix. Ne vous inquiétez nullement, il n'ira pas loin, nous le retrouverons à quelques centaines de pieds plus bas, au grand plateau. Le mien donne la préférence à l'Allée Blanche... adieu le bâton ! Bon voyage ! De ricochets en ricochets, il s'ira noyer dans le petit lac de tout à l'heure à trois mille mètres au-dessous de notre belvédère. N'est-ce pas terrifiant ? N'est-ce pas ce qui rend si périlleuses les ascensions par le versant méridional ?

J'étais écrasé sous la magnificence de mon entourage, et, grelottant très bien... Le froid qui règne sur la brèche, le vent qui, rasant le sol, agite et secoue jusqu'à l'humble brin d'herbe (antithèse de la création... les infiniments petits à côté des grandeurs infinies), ne permettaient pas une station prolongée.

Nous abordons la descente dans l'Allée Blanche, où le terrain moucheté d'innombrables plaques de neige justifie parfaitement le nom qu'elle s'est donné. A mesure qu'on s'engouffre, grandissent les pyramides qui flanquent le Mont-Blanc, et se développent les masses prodigieuses des glaciers. Nous saluons au passage celui qui se pose en homonyme de l'allée même. Une richesse de production à frapper le Champagne qui se débitera dans les cinq parties du monde jusqu'à la consommation des siècles.

Voici notre petit lac voué à la mélancolie, le lac de Combal séparant l'Allée Blanche supérieure de la vallée du Veni, qui lui fait suite. Ses eaux immobiles, du vert le plus sombre, reflet en quelque sorte des sévérités qui l'entourent, sont encadrées de rochers tombés des cimes voisines, de mélèzes frêles et poitrinaires luttant de loin en loin contre la double âpreté du sol et du climat.

Tout au plus un étroit sentier permet-il de cheminer sur la rive droite du lac. A peine engagé sur cette corniche diabolique, la tête me tourne, le vertige m'envoie son étrange magnétisme, je me pince les lèvres jusqu'au sang pour neutraliser une impression qui devient pénible à force d'être vive et pénétrante. Et voici... (le drame qui se respecte a rarement un seul acte), voici que de l'autre extrémité du lac nous voyons déboucher une légion de chèvres et de moutons, clo-chettes en tête, bergers et chiens en queue, allant en villégiature aux pâturages du col de la Seigne.

Quel parti prendre? Laisser aux émigrants le haut du pavé, ce qu'avec vous, Mesdames, j'oublie de faire journellement en distrait et en myope que je suis..., impossible. Le pavé manque de surface. Faire entendre raison à des bêtes qui, en fait de maximes, collaborent avec certain grand chancelier.

— *La force prime le droit !* Plus impossible encore...
On transige.

Par Eugène mon plénipotentiaire, il est convenu que, laissant le sentier libre, nous reviendrons sur nos pas ; puis qu'une fois leurs pensionnaires remisés et en train de brouter, les pâtres me délègueront un de leurs collègues pour me servir de guide-adjoint le long du lac. — Accepté.

Le traité de paix s'exécute de bonne foi. Les bêtes passent, et, les bêtes passées, je passe à mon tour avec cette variante qui met à leur aise le vertige et les nerfs.

Je fais quitter à mon bâton la ligne verticale pour la ligne horizontale. Eugène saisit un bout, le délégué empoigne l'autre. De la sorte je trouve à portée de main une balustrade mobile qui me tient lieu d'appui et me garantit contre les chances d'un traitement hydrothérapique à basse température dans les eaux du lac. Le passage se fait à pied sec, comme celui des Hébreux avant M. de Lesseps.

A l'extrémité de notre petite Méditerranée, je remarque un enchevêtrement de madriers, de roues, de crampons et de tourniquets.

— Eugène ?

— Monsieur !

— Qu'est-ce que cette usine ? Un moulin ? Une fabrique de chocolat ?

— Jamais de la vie... Une écluse...

— Une écluse ?

— Une pure et simple écluse... Oui, Monsieur ! Sitôt que le Piémont voit son jeu de cartes se brouiller avec la France, le Piémont ferme la machine que vous voyez. Le torrent est en prison dans le lac, le niveau s'élève, plus de sentier, plus de passage. La France n'a pas songé à faire apporter sa flotte de Toulon... Tant pis pour la France ! La porte a son verrou...

— Tiens, tiens ! C'est très ingénieux, savez-vous ?

— Ingénieux et pas cher !.. Un tour de manivelle, çà y est... Crac ! Le Piémont est sous clé.

— Et le torrent ?... Qu'en faites-vous à l'heure qu'il est ?

— Le torrent passe comme s'il n'était de rien. L'écluse est levée. Tel que vous le voyez, ce marmouset est la Doire Baltée, qui va se jeter dans le Pô, pas loin de Turin, d'où les deux compères vont de concert finir leurs jours dans la mer... la mer... à deux pas de Venise.

— Pauvre Doire ! Je vois ton berceau. Verrai-je un jour ta tombe ?

Le torrent traversé sur un tronc de sapin, nous suivons une rampe taillée en gradins irréguliers dans un puissant massif formé de quartiers de rocs et de sables éboulés. Dans les interstices quelques points miroitants, on dirait des glaces concassées. Le site paraît convenable pour l'étape du déjeûner, nous déballons la maigre pitance arrachée aux Motets, et tout en dévorant, nous devisons sur le paysage. Un coup de canon se fait entendre. Je suis intrigué. Les oreilles se mettent en garde et à l'affût. Eugène dévore toujours... impassible.

— Ce bruit ?

— Faites pas attention... Une chute de glaces...

— Mais çà vient derrière nous..., de là haut ?

— Je crois bien... Nous déjeûnons *sous un volcan.*

— Expliquez-vous. Eugène, je ne comprends pas.

— Monsieur voit le talus qui nous abrite.

— Parbleu !

— Savez-vous ce qu'il est ?

— Non.

— La moraine du glacier de Miage qu'elle nous cache et qui surplombe de cinquante mètres...

— De sorte que si le glacier venait à faire éclater son corset ?

— Nous serions f....us !

— Sauve qui peut, Eugène ! Sauve qui peut !

C'était, ma foi ! d'un réalisme à faire trembler... Le massif nous servant de salle à manger n'est autre chose que la moraine du glacier de Miage dont les flots se déversent sur les deux faces nord et sud du Mont-Blanc. De ce côté surtout, il chasse au devant de lui, avec ses cascades de glaces, une masse si prodigieuse de débris qu'il semble qu'on marche ici sur les ruines et les épaves d'un monde perdu.

Descendant de cette moraine, nous entrons enfin dans une vallée presque riante, où d'agréables pâturages réjouissent la vue fatiguée de tant d'images accablantes. Laissant à gauche la Doire qui s'éloigne en grondant, nous cheminons sur la croupe d'une montagne boisée, à l'ombre d'arbres verts les plus vigoureusement constitués qui soient au monde.

Cependant d'éclatantes lueurs dardent à travers le feuillage. Dans une clairière ou la vallée s'entr'ouvre comme un décor d'opéra, se laisse deviner un énorme glacier. Sa tête, sous la calotte même du Mont-Blanc.

Le glacier de la Brenva plus vaste encore, s'il est possible, que ceux dont je viens de cotoyer les rivages. Les séracs qui, dans les étages supérieurs, se culbutent et s'entrechoquent avec une rage à son paroxysme, lui font l'aspect terrible. De tous les glaciers de la chaîne, je n'en sais pas de plus tourmenté, de plus majestueux aussi.

A moins d'un siècle en arrière, une humble chapelle, sous le vocable de Notre-Dame du Bon-Secours, se dressait au pied du glacier, avec consigne rigoureuse d'en arrêter la marche. La Brenva, devenue libre-penseuse, s'amuse un jour à engloutir la chapelle.

— Ah! Ah! C'est comme cela! — se disent les croyants dans leur juste et sainte fureur. — Le diable emporte notre Dame, c'est bien! Nous allons bâtir à la madone un autre oratoire que nous mettrons cette fois hors des griffes de Satan et de la Brenva, son âme damnée.

Vingt ans à peine, et, resserré dans les gorges profondes, débordant de toutes parts des rives escarpées, le glacier vient emporter, à la barbe des fidèles, leur palladium sacré.

Ce que voyant, et voulant avoir le dernier mot, les pauvres bergers de l'Allée Blanche ont reporté leur sanctuaire au-dessus du sentier que nous suivons. Là où elle est, telle qu'elle est, j'assurerais hardiment Notre-Dame de Bon-Secours contre les risques de la Brenva, d'autant que, pour la punir de son double sacrilège, Dieu lui fait subir le sort commun à tous ses concurrents alpestres en leur rognant les ongles à tous. Ils repoussent et, dit-on, s'allongent. C'est que Dieu leur va faire miséricorde.

Au déclin de cette troisième journée, si laborieuse, qui vous paraîtra d'une longueur excessive, n'est-il pas vrai ? laissez-moi, Mesdames, signaler à votre attention deux bizarreries locales, pour ainsi dire sans analogie dans les Alpes, sinon peut-être au glacier d'Allalein au pied du Monte-Moro.

Ne jugeant pas que ce fut assez de recouvrir le fond de la gorge, la Brenva, dans un effort gigantesque, n'a trouvé rien de plus naturel que de rebondir contre la montagne d'en face, celle que nous prenons en écharpe. Et, savez-vous qui est chagrine ? Notre petite Doire-Baltée ! Comprenant à merveille qu'il n'y a plus moyen de passer par dessus le glacier, elle se résigne, la pauvrette ! et bravement prend le parti de couler en tunnel, si bien qu'on la perd de vue jusqu'auprès de Cormayeur.

› Autre caprice : En pleine exposition méridionale, le glacier laisse quelques champs de seigle coloniser ses deux bords et remonter son courant. Les glaces et les neiges blanches, les noirs sapins, les moissons jaunissantes font un contraste charmant.

A faible distance de la Brenva, la sente change brusquement de direction. Nous entrons dans une vallée coupant à angle droit celle dont nous venons d'explorer la première moitié.

La suite à demain :

Je suis à Cormayeur. Il est temps, mes jambes demandent grâce... Comme je vais dormir !

Cormayeur est le premier village italien. Autour de moi tout a changé, mœurs, habitudes, langage, choses de la vie. Les murailles peintes à fresque. Le Parmésan rapé saupoudre la *minestra*, les cheminées

fument, les cloches carillonnent nuit et jour. On m'appelle Excellence !

Cormayeur a des eaux minérales estimées des natio-
naux. Bien que *foresture*, je ne me crois pas indigne
de l'un de ces thermes ausoniens. Après le bain, le
dîner, après le dîner, la chambre à coucher, à peine au
lit : horreur !

Les Savoyardes toujours ! Les Piémontaises en sus !
Positivement je suis en Italie.

§ VII — GRAND-SAINT-BERNARD

Rien ne nous retenant à Cormayeur, nous partons au petit jour. Douze heures de marche forcée, deux cols à escalader, si nous voulons coucher à l'hospice du Saint-Bernard. La route se dirige droit en face du Mont-Blanc dont la plus haute sommité est masquée par des aiguilles parasites. Sous l'aspect d'un piton colossal , le Géant domine cette architecture que n'ont imitée ni Vitrave, ni Brunelleschi, ni Philibert Delorme. Le col du Géant se voit très bien d'ici. Derrière, sont le Jardin, la Mer de glace, Chamonix, tous les premiers rôles en scène au lever de rideau de ce petit drame alpestre.

Nous étions encore dans le crépuscule que déjà le massif du Mont-Blanc resplendissait des clartés du soleil levant. Quelques bribes de vapeurs se dégagent et s'éparpillent de ci de là. Ce sont de tels contrastes qui ajoutent au tableau des Alpes ce charme, cette magie que le pinceau du Titien lui-même, — si le Titien ressuscitait, — serait impuissant à rendre.

Ne contempler la montagne que dans la radieuse sérénité du firmament, sans ombres, sans nuages, sans rideaux de mousseline, cela finit par tomber dans la monotonie. La nature a beau faire, il faut que l'homme s'associe à son œuvre, qu'il devienne-

créateur à son tour. Nous jouissons par le rêve plus que par la réalité. Les Alpes ne sont absolument sublimes que chastement drapées dans leurs voiles.

Que cette digression me soit pardonnée, Mesdames ! J'écris l'itinéraire de l'esprit et du cœur plutôt que des jambes. Que perdez-vous d'ailleurs ? A peine le croquis du site le plus désolé, le plus stérile, le plus maudit qu'il soit possible d'imaginer.

Oui, toujours l'Allée Blanche ! Elle se nomme aujourd'hui vallée d'Entrèves. Comme l'a si bien dit notre Alphonse Karr des révolutions politiques : Plus çà change, plus c'est la même chose !

Quatre ou cinq grands glaciers pendus au revers du Mont-Blanc, de vieux arbres rabougris, pas de gîtes, sinon quelques chalets sordides, peuplés de pâtres plus sordides encore, des labyrinthes de décombres, le désert..., voilà le programme du jour. Plus d'essor aux joyeusetés, aux calembredaines, aux bêtises montagnardes ! Eugène silencieux, le patron morose, tous deux croquemorts !

Et c'est de la sorte que tous deux gravissent le col de Ferret (2.493 mètres), limite du Valais et du Piémont, faisant vis-à-vis au col de la Seigne que nous distinguons encore en dépit de nos huit lieues d'écart.

Station sommaire ! nous réservons le temps et l'enthousiasme pour le col de la Fenêtre (2.699 mètres). Une glissade rapide sur un névé nous conduit en ligne droite au chalet de Ferret dont l'impressario cumule les fonctions de gendarme, de douanier et d'aubergiste.

Le gendarme vise mon passeport ; le douanier fouille dans les entrailles de mon sac, vérifie deux chemises,

8

trois paires de chaussettes, et, ne trouvant rien de suspect, permet au gargotier de nous tremper une soupe au fromage. L'addition s'élève à la somme fabuleuse de trois francs ! Pas trop exorbitant de la part de deux... comment donc ? de trois fonctionnaires publics ?

Nous traversons le torrent ou Dranse de Ferret, et sur l'autre rive nous nous hâtons de prendre en écharpe le flanc de la montagne de face. O lectrices ! Que la nature a d'étranges fantaisies ! Pour séparer deux créations, un ruisseau ! Pour trait d'union d'une chaîne des Alpes à l'autre, un tronc d'arbre tremblant et vermoulu ! O les misérables acteurs pour un si grand rôle !

J'employai trois heures d'une marche obstinée, par une chaleur excessive et énervante bien qu'à une altitude voisine des neiges éternelles, à gagner le col de la Fenêtre encore aujourd'hui l'un des passages des Alpes les moins connus et les plus dignes de l'être. Trois rampes de roches brutes servent à l'escalade de trois plateaux circulaires fermés par des amphithéâtres de pics dentelés... Au centre des arènes, trois miniatures de lacs d'une eau si transparente et si cristalline que les moindres détails s'y reproduisent avec une exquise netteté. Une flotille de glaçons nage et manœuvre à la surface.

Très imposant le panorama. Couchés en empereurs romains sur des lits de granit, nous saisissons à l'œil l'enchainement de centaines de montagnes glacées, colossales, couronnées de frimas, partant en guerre dans toutes les directions, celles-ci en Valais, celles-là en Italie, les plus huppées en Savoie. Le groupe

du Saint-Bernard et celui du Gothard sont sans conteste les deux gros nœuds de la chaîne centrale des
Alpes.

La halte se prolonge. Il fait si beau et si bon. Tout
près de moi, de petits sifflements.

— Eh ! là-bas ! qui se permet de siffler ? Un merle ?

— Des marmottes ! Monsieur ! sans vous commander.

— Des marmottes ! Eugène ?

— Nous sommes dans le pays.

— Je ne serais pas fâché d'en emporter une... La
fortune est si inconstante... Qui sait? Une marmotte,
une caisse, une vielle ! c'est un fonds de commerce...
Savez-vous ?

— Ah! Ouiche!... Courez après... Maligne comme un
singe la marmotte!... Le sifflement est un cri d'alarme...
Voyez... Plus rien...

— Si, autre chose... Un bruit de clochettes !

— Faites pas attention... Les mulets...

— Quels mulets? D'où ?

— Pardi, les mulets des religieux... de l'hospice...

— Je m'étais laissé dire que c'est à pied qu'ils font
leurs exercices de sauveteurs. Du moment que c'est à
cheval...

— Vous n'y êtes pas, Monsieur, pas du tout. Le
couvent du Saint-Bernard possède au Val Ferret d'où
nous venons, des sapinières à n'en plus finir. Dame !
C'est qu'il en faut là haut pour le chauffage, la soupe et
tout. Voilà une coupe faite... Bon ! Il la faut charrier...

— Charrier... Je commence à comprendre.

— L'embêtant ! Vrai ! Vous me direz qu'on a le

sentier ordinaire par Liddes, Saint-Pierre, la cantine de Prouz...

— Je ne le dis pas, mais je le pense...

— Un mâtin de détour... Alors, on a plus tôt fait de passer par la Fenêtre. Tenez !... La cavalerie...

Une vingtaine de mulets chargés jusqu'aux oreilles défilent devant nous sous la garde de frères du couvent, les marronniers dont le nom est si populaire dans les fastes du Saint-Bernard, que leurs compagnons de dangers — les chiens de l'endroit — en seraient presque jaloux.

Une dernière coulée de neige nous fait aborder sans grande fatigue à l'arête qui s'ouvre en créneau, *en fenêtre*, puisque tel est son état civil. Le revers opposé débute par un autre ruban de neige, le long duquel nous n'avons plus qu'à nous laisser aller jusqu'à certain escalier de roche polie, ruisselante de toutes parts, au milieu de cascatelles qui chantent à nos oreilles.

A deux cents mètres plus bas, l'hospice du grand Saint-Bernard, le port où il me tarde d'attérir.

Le soleil fait à l'horizon ses risettes du soir. Une porte s'ouvre à deux battants. Voici l'héroïsme chrétien, la charité du ciel descendue au plus haut des Alpes. Voici deux chanoines qui, le sourire aux lèvres, me viennent recevoir, et dont je serre les mains avec une religieuse émotion. Voici les chiens me souhaitant, eux aussi la bienvenue à grands coups de queue dans les mollets, et quelles queues !... Des fouets de postillon. Voici le bouillon fumant, la cellule bien close, le lit cette fois absolument solitaire, ce lit de Tantale après lequel je cours depuis Chamonix sans l'avoir attrapé.

Je dormis douze heures. Le tour du cadran sans lui faire grâce d'une minute. Mes voisins de cellule durent se dire : voilà un Monsieur qui ronfle magistralement.

Levé gaillard et dispos, rasé de frais par le barbier du couvent, — un marronnier quelconque, — je commence l'inspection du logis permanent le plus élevé qui soit de l'ancien continent. Je suis pressé. Le baromètre a profité des ténèbres pour se mettre à l'orage. Le tonnerre fait tapage sur le Valais. Ses détonations ont cela d'étrange, que, rompant aux usages de notre ciel de France, elles se répercutent de bas en haut, au lieu d'éclater de haut en bas. La tempête est sous les pieds. On lui marche sur la tête... Le monde renversé !

Ce point noir m'agaçait. Devant, à onze heures, partir pour Martigny, je me disais que si l'orage ne s'en allait pas au loin bousculer le pauvre monde, je le trouverais fatalement sur ma route, que je serais obligé de lui passer au travers du corps et que ce serait sans doute, dans l'ordre des choses physiques, l'abomination de la désolation.

Pour conjurer le mauvais esprit, je vais , suivi d'Eugène, entendre la messe du prieur.

Je n'aurai garde, Mesdames! de faire, moi aussi, bien que vieux tabellion retraité, l'inventaire du couvent, que des centaines de tomes polyglottes ont vulgarisé, lancé dans le domaine public, proclamé *urbi et orbi*.

Je ne redirai ni la légende de Bernard de Menthon, fondateur de l'hospice au dixième siècle, ni les souve-

nirs qu'après Charlemagne et les autres bataillards de
toutes époques, y a laissés le premier consul Bonaparte ;
ni la tómbe de Desaix, ni le musée d'antiquités romaines
exhumées sur place, ni les chiens-sauveteurs, dont la
queue fouette si raide, dont le nez flaire si juste le pauvre
voyageur enseveli sous la neige, ni la morgue où se
momifient, faute de terre végétale pour les enterrer, de
misérables créatures saisies par le froid, ou emportées
par l'avalanche, ni le lac gelé, impitoyable à tout ce qui
respire, aux poissons eux-mêmes, ni le cirque de pitons
nus et décharnés, commandés par la cime du Vélan
(3.765 mètres). Partout la stérilité, la désolation, la
mort. Un seul rayon des célestes sphères, le dévouement, le sacrifice et la charité.

Quelques lignes cependant en l'honneur de la salle à
manger d'une simplicité monastique. Le luxe du
Saint - Bernard est tout entier dans sa chapelle et
dans sa grandiose nature. Les repas offerts aux touristes se prennent en commun (guides, domestiques,
indigents reçus à part). La table est présidée par deux
chanoines dont le costume est celui du clergé séculier
plus un ruban de toile blanche en sautoir venant se
nouer à la ceinture. La pépinière des religieux est à
Martigny. Quelques années de séjour à l'hospice ont,
dans ce climat de fer, raison des constitutions les mieux
trempées. On fait alors descendre les invalides pour les
envoyer, comme curés, finir leurs jours, en quelque
paroisse du Valais.

Les chanoines du Saint-Bernard sont généralement
affables, gais, érudits, ardents, infatigables, doux et
humbles de cœur. Des héros grands comme leurs Alpes.

Les pèlerins du jour étaient anglais ou allemands, tous hormis une dame française et moi. Je n'oublierai jamais le menu : gigot de mouton, pommes de terre sautées, fromage, café à la crême ; si ce n'est pas Casati, c'est moins ruineux.

Vous le savez, Mesdames, l'hospitalité du Saint-Bernard est toujours gratuite et obligatoire... Obligatoire pour les Pères sans acception de classes, de croyances ni de nationalités.

Gratuite... Défense absolue aux chanoines et aux marronniers d'accepter une obole...Un tronc à la chapelle, rien de plus.

Eugène me hélait de toute la puissance de ses poumons. Il était urgent de se mettre en route. Nous échangeons avec les Pères de semaine toutes sortes de souhaits et d'adieux. Les chiens me décochent leurs plus touchants souvenirs ; nous mettons le cap sur Martigny.

La descente est pénible, dangereuse aux jours de tempête et d'avalanche. Nous en avons raison. Mais voici qu'au delà de la cantine, à quelques minutes du glacier de la Menouve, un émissaire du Vélan, nous entrons dans la zône de l'orage.

— Au pas accéléré, Monsieur ! Au pas accéléré ! Nous aurons un mauvais quart d'heure à passer !

De petites gorges se faisant face, bondissent deux nuages plombées, ardents, sillonnés d'éclairs. La foudre s'en mêle. Le coup de tampon se donne, nous sommes cernés. Quel orchestre ! Oh ! le sinistre en avant deux ! Et pas de refuge !

Depuis Chamonix, Eugène portait fièrement en ban-

douillère certain parapluie anté-diluvien ficelé dans sa
gaine de coton bleu. A peine la machine s'est-elle
déployée sur nos têtes que les grêlons la hâchent en
mille morceaux, ne laissant intacte que la monture. (En
Franc-Lyonnais, nous disons la carcasse.) Le parapluie
en loques, rien ne nous protège contre la grêle qui cré-
pite sur nos feutres mous et nous fait un mal affreux.
L'obscurité est complète, l'éclair nous aveugle, le
tonnerre fait rage, le vent tourbillonne. De toutes parts
des torrents de circonstance se donnent brusquement
rendez-vous dans la gorge où nous sommes ensevelis.

Moins aguerri qu'Eugène contre les cataclysmes
alpestres, je ne peux plus respirer, j'étouffe, je me
cache la tête dans son gilet.

— Monsieur ! Voulez-vous que je vous dise mon
opinion ?

— Dites ! Je suis résigné.

— Si cela dure un quart d'heure, nous sommes...
flambés.

— Bien obligé ! Je sais du moins à quoi m'en tenir...
Le bienheureux Bernard de Menthon veillait sur
nous. Après quelques minutes d'angoisses indicibles,
les deux trombes se donnent une dernière poussée et
s'en vont grondant, grognant, hurlant comme deux
dogues en duel. La pluie s'arrête, les cascades n'étant
plus subventionnées, s'arrêtent comme la pluie, nous
nous grattons la tête criblée par les grêlons de tout à
l'heure. A se voir mouillé jusqu'aux os inclusivement,
on se prend à rire au nez l'un de l'autre. Tout est bien
qui finit bien !

Une heure après, nous nous faisions sécher et vaporiser à Saint-Pierre, le premier bourg qu'on trouve à la descente du Saint-Bernard. Le soir, sans autre incident, l'hôtel de la poste à Martigny me reçoit dans son sein. L'hôtel de la poste ! Cette fonda légendaire, vous ne l'ignorez pas, Mesdames ! où notre Alexandre Dumas-le-Grand créa ce glorieux beefsteak d'ours qui a fait le tour du monde.

Le lendemain je solde les journées d'Eugène et l'indemnise du parapluie ancêtre, bouc émissaire de l'orage. Pauvre Eugène! Vénérable rifflard! Une telle fin !

Au moment de nous séparer :

— Eugène ?

— Monsieur ?

— Je ne suis pas riche... Voici mon souvenir...

— Oh ! Monsieur ! Votre pipe neuve... du tabac !

— Et, pour la Claudine qui tient l'école...

— Elle aussi ? Votre foulard blanc ? Oh ! Monsieur, oh ! Il sera pour les fêtes carillonnées.

— Mes compliments au guide-chef...

— Pour lui, pour tous, merci !

— Soignez vos montagnes... Brossez-les... faites-y toutes les réparations locatives...

— Oui, oui, Monsieur ! Vous reverra-t-on en Chamonix.

— Oui, certes !

— Et alors si on a besoin d'un guide...

— On demandera le sieur Eugène Cupelin... Ah ! mais, dites-donc... et le règlement ? Article 19.

— Bah ! L'article 19 sera pour nous... si je suis encore de ce monde...

— Bon voyage, Eugène ! Portez-vous bien !

— Bon retour, Monsieur ! Faites de même !

Et, quelque peu émus, nous nous séparons, Eugène pour regagner sa vallée par le col de Balme, moi pour rentrer au bercail par Saint-Maurice, Lausanne et Genève.

A cent pas, Eugène allait tourner l'angle d'une rue et disparaitre... Je l'appelle, il revient.

— Eugène !.. Un mot encore !

— Tant qu'il vous plaira... Je ne suis pas pressé...

— J'oubliais... La mère Victor, de la Couronne ? Relevez son courage... Serrez-lui la main !

— Je l'embrasserai pour vous...

— Toujours mauvais sujet ! Allez, vieux coquin, allez ! et ne pêchez plus !

CHAPITRE II

OBERLAND BERNOIS

---

§ 1ᵉʳ. — BERNE

Combien d'oiseaux voyageurs dans la cage 117, 2ᵐᵉ classe, du train lancé à toute vapeur de Genève sur Berne, le premier juillet 1872 à 11 heures 35 minutes, heure suisse. Comptons, s'il vous plait ?

Deux vieux Genevois ergotant sur leur République, ainsi qu'ils en avaient le droit, et sur la nôtre, qui ne les regardait guère ; l'un paraissant voué au célibat, l'autre se disant veuf, pleurant madame à chacune des stations... Elles sont nombreuses les stations de Genève à Lausanne !

Une jeune et belle Espagnole pendue au bras de son mari, disons mieux, un Espagnol très insignifiant pendu au bras de sa femme qui, seule au courant de notre langue française, la parlait naturellement pour deux... Elle et son hidalgo.

Une paire d'Anglais, de la secte des no-no, gantés jusqu'au coude, personnages muets.

Et finalement, Mesdames, l'indigne conteur qui vous assomme de son patois.

Total : sept... bagages en plus.

Ce fut une belle chance de trouver à qui parler des musées de Madrid, de l'Alcazar de Séville, de la mosquée de Cordoue, des merveilles de l'art chrétien, de la civilisation arabe, enfouis dans la péninsule comme dans une boutique de bric-à-brac, visitée peu d'années auparavant. L'Espagnole mit une grâce charmante, un goût parfait à me donner la réplique. Je m'en fourrai jusque-là.

Et qu'arriva-t-il? C'est qu'à force de vagabonder à travers toutes les Espagnes, les gosiers devinrent aussi brûlants, aussi arides que le plateau désolé de la vieille Castille.

Lausanne ! Cinq minutes d'arrêt ! Le temps de courir sus à un bock ! Dérision ! Savez-vous, ô lectrices ! rien de perfide comme les cinq minutes d'arrêt ! A qui n'ont-elles pas fait cueillir les palmes du martyre ? Vous n'avez pas mis pied à terre, que le sifflet gazouille, la cloche fouette l'air, le cerbère en casquette aboie son implacable refrain : En voiture, Messieurs !... Bon ! Et vous voici pour un heure peut-être de pépie ou de... contorsions.

C'était donc à Lausanne une question d'hydrophobie. Je me dévoue au salut commun. J'avise deux bouteilles de bière en grève... Bon ! Les embaucher d'autorité, jeter deux francs sur le marbre du buffet, courir au wagon 117, l'escalader comme un malfaiteur, fermer la porte et... partir... Affaire de deux pauvres minutes disputées à l'arrêt.

Les Anglais nous ont lâchés. Des deux Genevois, l'un a suivi leurs traces, le vieux garçon. *Voyas usted con Dios !*

L'heure est propice pour mettre en perce les deux fla-cons. A quatre nous avons un gobelet d'argent... Un, c'est beaucoup, c'est trop. Il y aurait pénurie absolue de gobelets d'argent, que le résultat serait aussi satisfaisant. Je sais, en cas de détresse, une recette que je livre à la prospérité ; elle en fera ce qu'elle voudra..

La bouteille débouchée, prendre délicatement entre le pouce et l'index un coin de son mouchoir de poche. — Les angles sont toujours présentables, — en coiffer le goulot comme d'un turban, lever le coude et boire à même.

Vingt fois j'ai enseigné la théorie, démontré la manière de s'en servir, et vu, de mes propres yeux vu de petites lèvres vermeilles ne pas reculer épouvantées. Après tout, Mesdames, à la guerre comme à la guerre !

Vous connaissez Lausanne ? Passons. Sautons aussi pardessus Fribourg, les deux ponts suspendus, le til-leul de Morat, dernier témoin de la bataille, transplanté le 22 juin 1476, les gothiques donjons, le défilé du Gotteron, et les orgues d'Aloïse Moser jusqu'à ces dernières années sans rivales...

Fribourg ! Cité cantonale, affreusement bossue, rues en escaliers, touffues de plantes parasites... rien d'assez puissant pour maîtriser le regard, sinon peut-être à la grande joie de messieurs les réalistes, le portail de la collégiale de Saint-Nicolas... album varié de drôleries à tout crins. L'artiste de nos jours osant tailler des figurines groupées comme à Saint-Nicolas, s'en irait tout droit en quelque bastille cueillir ses trois mois de prison par application des articles tels et tels du code pénal français.

Au résumé, dès qu'un touriste a pu reconnaître le site pittoresque de Fribourg, le plus sage est d'en sortir.

Parlez-moi de Berne, chères lectrices ! C'est là une ville ! La Suisse y débute... la vraie Suisse. Je n'ai jamais traversé Berne sans que, sous un prétexte ou sous un autre — le premier venu — ses maisons ne fussent pavoisées de la cave au grenier. La bourgeoisie s'y doit ruiner en flammes rouges timbrées de la croix blanche fédérale.

Le premier juillet 1872 — cela va de soi — oriflammes et bannières flottent à chaque fenêtre. Je hêle un passant.

— Monsieur ?

— Meinherr !

— En quel honneur les drapeaux ?

— La chymnasse...

— La... chymnasse ?

— Ja !... les égoles, les régombenses...

— Bien ! Bien !... Les prix...

— Les brix !... Ja ! Ja !

— Aux élèves du gymnase !

— Ja ! de la chymnasse.

— Et... peut-on voir ?

— Dans le gour du Palais Fétéral... Ja !

— J'y vais... Merci ! Bien obligé ! A l'honneur de vous revoir !

— Gutten abend. (Bonsoir !)

Il y avait là, dans la cour du Palais Fédéral un millier

de spectateurs enfermant dans un cercle sympathique
une centaine de gamins bernois, espoir de la patrie,
crânes au possible sous leur mignonne casquette universitaire, et presque autant de blondes fillettes, les mères
de l'avenir.

On y voyait aussi les magistrats cantonaux échelonnés
aux marches du péristyle, les huissiers d'Etat drapés
dans leur manteau de cérémonie, la musique... trop
de musique !

Il fallait entendre les ovations aux lauréats et les
applaudissements de ce monde républicain calme, joyeux,
poli. Je me croyais dans un salon.

Involontairement la pensée du touriste se reporte à
une autre fête des écoles (1871), fête scandaleuse, bar-
bouillée de lie de vin... Et la pensée se prend à rougir.

Berne est une ville grave, malgré tout charmante,
moins par elle-même, que par son privilège de presqu'île ayant pour ceinture l'Aar que, si vous le permettez, Mesdames, nous remonterons jusqu'à sa source
au Grimsel, par sa riche campagne, par ses promenades
dont rien n'égale les verdoyantes parures, par ses points
de vues *que l'Europe lui envie*, par ses rues aux sombres arcades, aux toits d'une énorme saillie, ses rues
où babille une eau claire et limpide, par son luxe de
fontaines invariablement couronnées de quelque chevalier barbu, armé de toutes pièces, sinon d'un ours fièrement campé sur son derrière, en attitude pour défendre
le drapeau que lui confie le pouvoir cantonal.

Les ours, vous ne l'ignorez pas, Mesdames, sont
les patrons émérites de Berne. En certain temps,
s'était posée la candidature de saint Christophe. On

n'en parle plus depuis je ne sais quelle peccadille du bienheureux porte-croix. Les ours ne redoutent plus la concurrence.

Quel monopole! Aux enseignes, aux horloges, aux portes de la cité, aux frontons des édifices publics, des ours! Et quels ours! Farouches, truculents, mauvais coucheurs! Des ours en bois dur, en bronze, en granit, sans faire état d'une demi-douzaine d'ours subventionnés, émargeant un budget de l'Etat, logés à titre gratuit en des sous-sols mieux agencés qu'au jardin des Plantes à Paris.

Des ours à chaque pas; c'est au point que l'étranger se pose le problème de savoir s'il y a plus de Bernois que d'ours à Berne, ou plus d'ours que de Bernois.

Le chef-lieu de la confédération suisse est médiocrement riche en monuments de nature à flatter l'orgueil du bourgeois, à exciter la curiosité du voyageur. La cathédrale, bâtisse gothique du xv⁰ siècle n'a de remarquable que son austère nudité. Au flanc droit de l'édifice est soudée une vaste plate-forme, ancien cimetière dominant de cent pieds l'Aar qui se déroule comme un ruban d'argent. Sur la terrasse, une statue de Berthold de Zœringen, le Romulus de Berne, des rangées d'arbres, des bancs, un pavillon, un café.

Prenons des chaises, voulez-vous, Mesdames? faisons cercle autour de l'un de ces guéridons épars sous la véranda. Demandons quelques sorbets au kirsch panachés du bon et franc sourire de la dame du lieu... Allumons!..

— Oh! Monsieur!

— Ce n'est pas ce que je veux dire... Permettez que

j'allume un cigare du crû qui ne voudra pas le diable...
Dehors les binocles !.. Veuillez écouter, Mesdames, et
ne pas interrompre.

Nous sommes, à dire vrai, devant l'une des scènes les
mieux agencées de la nature. Au premier plan, derrière
l'Aar, grondant comme un ours mal léché, les collines
du Gurten, du Belpberg, de Muri, de... de... Les noms
m'échappent.

Plus loin, plus haut, la chaîne du Stockhorn, hérissé
d'arêtes fines comme aiguilles à tricoter, et le Niésen
(2.366 mètres), un beau brin de pyramide.

Plus loin encore, plus haut toujours, le Béatemberg,
le Harder, les deux Rugen, le Faulhorn prenant leur
bain de pied dans les lacs de Thun et de Brienz.

Et pour rideau de fond, là-bas, là-bas, bien loin, par
dessus le Faulhorn, le Niésen, le Stockhorn et toute la
marmaille du premier plan, nous regardant, vous, Mesdames, dignes de tous les regards, votre conteur aussi
si peu qu'il vaille, là-bas, formant le quart d'un immense
horizon et le terminant par un mur d'albâtre d'un éblouis-
sant éclat ; oui, oui, là-bas les grands rôles parmi les
hautes Alpes de l'Oberland, le Wetterhorn (pic du
temps), l'Eiger (aigle), la Blumlisalp (montagne des
fleurs), la Yungfrau (la vierge), vingt autres qui pour
n'être pas nommées ici ne portent pas moins gaillarde-
ment à quatre mille mètres leurs horns (cornes), leurs
obélisques leurs neiges et leurs glaces éternelles.

Que le soleil à son déclin plaque ses derniers rayons
contre cet amphithéâtre de douze lieues en diamètre,
il en fera jaillir toutes les nuances de la teinturerie,
depuis le vert des pâturages, le noir des forêts jusqu'à

l'orange pâle des glaciers et le gris-bleu des aiguilles.

Quelle splendeur! Voyons, Mesdames, le cœur vous bat-il? Oh! si j'osais lui faire subir un interrogatoire?

Toute médaille a son revers. Se sachant belles, les hautes Alpes ont leurs coquetteries. Elles se laissent admirer aujourd'hui... hâtons-nous. Demain peut-être seront-elles en peignoir de mousseline, la Yungfrau aura-t-elle déployé chastement son éventail de brumes opaques. En voilà pour un jour, deux jours... qui sait? Touristes qui passez en ce temps de retraite, vous êtes des touristes volés!

Je quitte Berne, l'âme attristée. Reverrai-je ses maisons pavoisées, son esplanade, ses ours? Si je les revois, ne me faudra-t-il pas porter une fois de plus le deuil du costume national, si populaire jadis et si pittoresque.

Côté des hommes. Le mal n'est pas irréparable. Le pantalon a détrôné la culotte serrée au genou par la jarretière historiée de broderies. La blouse a chassé le gilet ouvert à manches courtes, bouffantes, côtelées ainsi que les melons. Arrière, bonnets de fantaisie! Le chapeau de feutre mou. Plus de pipes en faïence enluminée!

Allons! Soyons juste. La pipe reste immuable comme le destin.

Côté des Dames. Ah! Malheur! glapirait un voyou de Paris. Soyons parlementaire, écrivons : Triste! Triste! c'est là le déchet...

Où sont les jupes de grosse laine plissées sur la hanche, écourtées dans la région du... non, de la cheville? Où sont les corsages et les carcans de velours noir, enlaçant la taille, cerclant le cou, donnant au buste un certain air de crânerie, dont le poète s'inspirait peu, mais que le réalisme portait aux nues?

Que sont devenues les manches de grosse toile flottantes, les gorgerettes plus blanches que les neiges de la Yungfrau, ayant de compte à demi avec le velours du corselet, la prétention de cacher beaucoup, et, de fait, cachant peu, tant ce qu'on voulait mettre sous les scellés paraissait impatient du frein?

Et ces chaînettes d'argent serpentant de la nuque aux aisselles, pour les contourner, et, par une courbe gracieuse sur un gracieux territoire, s'agrafer à la cravate de velours? Comme si ce n'était pas déjà trop du noir de la cravate, du blanc de la gorgerette, du rose des joues, de l'azur des prunelles pour faire tomber en damnation le commun des touristes.

Et les cheveux? Qu'allais-je faire, misérable? Oublier ces tresses si blondes, si blondes qu'elles frisent... le roux, ces tresses qui nouées et captives tombaient au bon vieux temps comme deux avalanches jumelles du sommet de la tête à des profondeurs invraisemblables. Envolées aussi ces ailes de papillon noir si diaphanes et si prodigues en rhume de cerveau.

Triste! Triste! Les Dieux s'en vont. La Bernoise fait comme les Dieux. Alors, comment s'y prendra-t-on pour les bains complets?

— Bains complets! Qu'est encore cela, Monsieur l'Alpiniste?

— Vieilles légendes! Commérages! Mettons que je n'ai rien dit!

§ 2. — THOUNE

Entre Berne et Thoune, la contrée semble faite pour porter l'âme à la contemplation. Je ne vois pas, et cependant j'ai couru le monde, pas de coin terrestre, qui, par la réunion d'un sol fertile, d'une culture perfectionnée, d'une aisance générale, puisse à ce point satisfaire l'œil et réjouir le cœur.

Habitations rurales, chalets semés le long de cette route du bon Dieu, brillent par une propreté si exquise dans leur structure simple et rustique, il y règne, même à l'extérieur, une si parfaite image de l'ordre, on trouve chez l'homme tant de dignité, tant de sérénité dans la femme, chez les enfants tant de vie et d'entrain, les roses et les chèvrefeuilles du jardin clos à claire-voie ont un tel éclat, le foin de la grange sent si bon que, pour moins que rien, on enverrait à tous les diables la politique, la bourse, le suffrage universel, le parlement, les journaux, Paris et la patrie pour venir vivre, oublier et mourir là.

On ne fait plus aussi fréquemment en voiture découverte les six lieues d'enchantements de Berne à Thoune. Elles sont moins rapides et plus coûteuses depuis une bête de voie ferrée qui masque le paysage. On en profite, hélas !

Et la preuve... C'est qu'après avoir dîné très mal et

très chèrement au buffet de la gare, côte à côte avec
mon veuf inconsolable de Genève en passe de flirter
avec la bonne... c'est que moi, fanatique du char-à-
banc suisse, je fis comme les autres Béotiens mes
confrères, et je pris le train de sept heures.

Circonstance atténuante : je connais la route de
terre à peu près aussi bien que les ingénieurs bernois
qui l'ont tracée.

Une heure après, j'entrai à la Weis-Kreuz (la
Croix-Blanche), un de ces modestes Gast-Hauses de
ma connaissance où je ne manque jamais d'implorer
une hospitalité qu'on me donne toujours gracieuse,
pas trop encombrée d'additions.

Quarante ans, si ce n'est davantage, que je dormais
ma première nuit à l'ombre de cette petite croix nais-
sante. Je suis resté l'un de ses fidèles. Je la retrouve
plus pimpante chaque fois et toujours démocratique.
Pas l'ombre d'Angleterre. En revanche, sur le seuil,
le patron lui-même, serviette au poing.

— Ah ! Sacrebleu !... Le père Œsch !

— Ah ! Sacrementé ! Monsieur L...

— Vous n'êtes donc pas mort ?

— Ni fous donc ?

— Je n'ai pas eu le temps.

— Foilà une chance !

— On va bien chez vous ?

— Ia !

— Et Jacob...

— Pas mort davantache ! Pour *pancal*, che ne dis
pas...

— Sa crevasse... oui... Je sais... Il m'a écrit çà dans

le temps et dans votre charabia d'allemand mâtiné de
patois français.

— Et fous allez, gomme cela ?

— L'Oberland d'abord, peut-être le Valais.

— Ta ! Ta ! Ta ! Un tour de Suisse... quoi ?

— Pourrai-je serrer la main à Jacob ?

— Barpleu !... Vous viderez une chobe ou deux avec
lui... Hein !

— Et avec vous, père Œsch !

— Trop t'honneur ! Johann ! Va nous chercher Jacob ?
C'est à teux pas t'ici. Gomment le foulez-fous, le fieux ?

— Dame !

— Afec ou sans rasoirs...

— Avec rasoirs.

Vous désirez, Mesdames, savoir ce qu'est ou plutôt
ce qu'était Jacob ? Pour tous un guide comme un autre.
Pour votre conteur presqu'un camarade de courses,
mon Eugène de Chamonix.

C'était au mois d'avril 1844, à mon début dans
l'Oberland. Les ascensions d'hiver, celles du printemps
même dans les Hautes-Alpes, ne tentaient aucun alpiniste. L'alpinisme était encore à naitre.

Mon ami Achille M... et moi, son copin, avions
ruminé le projet saugrenu d'être les premiers à faire
le col de la Wengen-Alp, dans le but de voir face à
face la Yungfrau, de contempler en dilettantes le drame
de ses avalanches printanières.

Nous essayons, passant à Thoune, une réquisition de
guide. Tous nous rient au nez et refusent avec enthousiasme, hormis Jacob, jeune montagnard, hardi, décou-
plé, intelligent, qui s'offre pour notre pilote. Plus tard,

lectrices, j'aurai l'honneur de vous écrire l'odyssée de 1844, en gravissant ensemble les pentes de la Wengen-Alp, l'une des stations classiques de l'Oberland.

Vous le pensez de reste, on ne fait pas la Wengen-Alp au mois d'avril à la suite du nommé Jacob, sans que ledit Jacob ne reçoive les galons de guide officiel et privilégié pour toutes excursions nées ou à naitre.

Chaque fois que j'étais pris d'un accès *d'Oberlando-manie*, huit jours avant le départ, je confiais à la poste une dépêche portant cette suscription :

MONSIEUR JACOB, GUIDE DE MONTAGNES.
THOUNE *(Suisse)*.

Et sous l'enveloppe, de cette écriture de chat dont je devrais rougir, si je n'avais abdiqué toute honte :

« Mon cher Jacob,

« Tel jour..., à telle heure, soyez à... tel endroit ! Un bon bâton !... Votre affectionné.

« L. V. »

A la date, à la minute indiquées, au lieu prescrit, la première figure souriante était la figure de mon Jacob, me tendant à la fois sa main et mon alpenstock.

Un vilain jour de mil huit cent cinquante-neuf, Jacob se laisse choir en une crevasse du glacier inférieur de de Grindelwald. Suivant toutes les règles, Jacob devait se tuer du coup ; mais Jacob, né malin, s'y prend de telle façon qu'il en est quitte pour une jambe fracturée.

Jacob boite donc aussi visiblement que le diable de Lesage. Tenu de divorcer avec la confrérie des guides, ne pouvant plus demander aux jambes son pain quotidien, il se l'est mis dans les doigts... Jacob rase les mentons indigènes, et accessoirement les mentons de passage qui veulent bien l'honorer de leur confiance.

Voilà pourquoi le dictateur de la Croix-Blanche m'avait posé ce dilemme : *avec ou sans rasoirs ?*

Jacob fait son entrée clopin-clopant, sa trousse aux mains. Nous nous embrassons en vieux amis, puis la barbe faite, le père Œsch est délégué à l'installation et à l'entretien des bocks, avec mandat impératif de les remplir aussitôt vidés, nous réservant de les vider aussitôt pleins. Les chaises se calent, les coudes trouvent leur point d'appui, les pipes se chargent et prennent feu, la bière pétille. La mise en scène ne laisse rien à désirer, on passe au dialogue :

— Pour lors, mon pauvre Jacob !... ça ne bat plus que d'une aile... Cette jambe... Hein !

— La droite fait son service... C'est l'autre... Vous savez, Monsieur L... Dans nos montagnes, deux jambes... n'y a pas de reste.

— Et le bâton ? vous l'oubliez... Voyons, voyons ! Comment diable avez-vous fait, vous Jacob, leste comme un chamois ?

— Ja ! Gomme un chamois.

— Silence, père Œsch ! Veillez aux chopes !

— Ja !

— C'est donc pour vous dire que je trimballais deux Américains au glacier inférieur qui ne se laisse pas monter facilement... Sans lui faire du tort... Après les bourriques, rien de plus têtu que les Américains...

— Connu !...

— Très gonnu !

— Père Œsch, silence !

— Ja !

— Nous grimpions donc sur l'épaule du Mettember.

— Histoire de faire visite de politesse au Bœnissegg, notre Montanvers à nous, d'où se voit la mer de glace de l'Oberland, comme j'ai l'agrément de voir Monsieur L... sans comparaison... Ne voilà-t-il pas que nos deux Yankees, — comme ils se disent, — se fourrent dans la tête de traverser le glacier jusqu'aux chalets de Zœzemberg... une drôle de paroisse où se trouvent plus de marmottes que de filles à marier...

— J'ai vu le Zœzemberg... de loin.

— Ne le voyez pas de près, Monsieur L... et vous vivrez longtemps. D'abord je ne voulais pas... Vous savez que je ne boudais guère...

— Je le sais, Jacob...

— Chagun sait ça.

— Père Œsch ! attention ! les bocks sont vides...

— Ja ! Ja !

— Mais... j'avais devant les yeux le pasteur Mouron, un bien brave homme, enterré au fond d'une crevasse de ce glacier d'enfer..., un camarade de Grindelwald qui manqua lui laisser sa peau. Finalement je ne voulais pas... mon idée... quoi ?

— C'est bien, — me font les deux sauvages — Restez... nous irons seuls.

— Pas un mot de plus, Messieurs ! Je passe le premier... suivez-moi !... Comprenez-vous, Monsieur L... La moutarde se décidait à me monter au nez ; si bien que, tout de but en blanc, nous entrons sur le plan du glacier. Les premiers pas sont assez gentils... Pas moins, les crevasses se multiplient, se croisent, ouvrant des mâchoires à avaler le parc d'artillerie de Thoune... Monsieur n'est pas là sans s'être renseigné que si le camp de Thoune n'existait pas, notre confédération n'aurait pas un seul canonnier...

— Mieux encore, Jacob! A mon dernier voyage, n'ai-je pas failli devenir sourd comme un pot du vacarme de vos artilleurs fédéraux?...

— Oui, les gaillards tirent fort...

— Je ne sais pas ce qu'ils avaient tiré, mais ils étaient joliment en ribotte, vos confédérés... Ah! mille bombes!

— Pour en revenir à nos crevasses, nous les franchissons tantôt d'un vigoureux élan... comme cela... houp! tantôt sur des ponts de neige. Ah! monsieur L...! Les ponts de neige! Voilà ce que je me permets d'appeler des gredins! Que de misères aux pauvres guides qui, par devoir, tiennent la tête des caravanes! Je ne cesse de le répéter aux apprentis : Mes enfants! prenez garde aux ponts de neige... des gueux! Je ne vous en dis pas davantage!

Tant il est qu'un de ces ponts suspendus part sous moi... Patatras! Je roule au fond de l'entonnoir... Pour une culbute, c'est une fière culbute, allez! vingt pieds pour le moins, et de la neige pardessus les yeux... Il faut entendre les hurlements de mes Indiens : Jacob! êtes-vous assommé?

—Je ne crois pas... mais, une jambe... oh! la gauche! oh! là, là!

Il n'y avait pas à faire des façons... jambe en deux... celle ici présente. De la droite, la bonne, je m'arc-bou-

tais contre le mur de glace, regardant autour de moi.
La situation n'était pas brillante. Une chose me chiffon-
nait, verticale jusqu'à mon trou, la polissonne de crevasse se coudait pour s'enfoncer horizontalement sous
le glacier, et je *me* pensais : Garçon ! si tu ne tiens pas
bon, si tu te laisse glisser dans le tiroir, tu n'en sortiras
plus. T'en voilà pour deux cents pieds de glace sur la
tête... f...u !

— F...tu à berbétuité !

— Père Œsch, silence !

— Ja !

— Je ne *blaguais* pas alors, comme j'ai l'honneur
(saluant) de le faire ici, Monsieur L..., avec ça que la
bière d'Œsch, est fameuse...

— Ja !

— Mes Américains piaillent de plus fort en plus fort.
De la voix qui me reste, je crie plus fort qu'eux : La
corde, au nom du ciel ! la corde !

La bienheureuse ficelle lancée par un bout, retenue
par l'autre arrive à destination... ah !... Je me la passe
sous les bras, m'y cramponne des deux mains et donne
le signal : Enlevez ! nos sauvages tirent, tirent, et tirant
me remontent, me remontent...

— Comme un paquet de linge... à lessiver.

— Plait-il, Monsieur L...

—'Rien... un mot de chez nous...

— Bon ! à peine au bord de la crevasse, les fabricants de fromage du Benissegg accourent en dératés,
m'empoignent par les épaules, par la bonne jambe,
par tout et m'emportent jusqu'à leurs chalets d'où l'un
des pâtres se détache pour le Grindelwald.

Quelques heures après, cinq ou six guides, mes camarades, montent avec une civière, un matelas. Ils flanquent votre serviteur sur le matelas, le matelas sur le brancard, le brancard sur leurs épaules et rapportent au village le colis avarié. Le reste se devine... Fièvre, médecin, tisanes, jambe dans une caisse à violon... quarante jours de grève. Et voilà de la manière que je suis resté boiteux !

— Pauvre Jacob !

— Pauvre Jacob ! Oh ! oui, pauvre Jacob ! que vous avez raison, monsieur L...! Plus moyen de courir la montagne, de passer la Wengen-Alp le 22 avril, comme avec vous et votre ami monsieur Achille, d'escalader le Faulhorn, de souffler dans ses doigts au Grimsel, de battre la semelle à la Stralegg... Pauvre Jacob ! Oui, oui. Car c'était là son élément, son art, sa vie... Tenez ! vous allez le voir pleurer le pauvre Jacob ! Différemment, non... Les Américains se sont conduits en gentlemens.

— Parbleu !

— En fils de la France.

— Bravo !

— Tout payé rubis sur l'ongle, la maladie, les raccommodages...

— Les vitres cassées...

— Oui, la jambe... Et ce n'est rien. Figurez-vous qu'avant de prendre leur billet de retour et sans avoir l'air d'y toucher, mes Yankees avaient déposé entre les mains du syndic de Grindelwald — un bien brave homme aussi, — mille dollars en chiffons de papier, quelque chose comme cinq mille francs que j'ai bel et bien encaissés le jour de ma première sortie..., histoire d'arroser ses béquilles et de gagner sa vie en cul de plomb.

— Bien, Jacob ! Très bien ! Messieurs de Rothschild n'auraient pas mieux fait... Et maintenant, père Œsch ! vous avez la parole... Allez, vieux bavard !

— Ja !

A force de deviser, de faire appel aux souvenirs, de fumer, de choper (Plumette voulait écrire *chopiner*) comme trois Suisses que nous étions, le temps fauchait les heures. Je compte minuit à l'horloge du manoir féodal dont les tourelles gothiques couronnent la cité de Thoune.

— Au lit, mes enfants, si nous voulons dormir avant demain. Une jolie vie ! Minuit ! Ah ! si on le savait !

— Qui ?

— Bavard, ce père Œsch ! curieux par-dessus le marché. Mes compliments !

L'accolade est donnée à Jacob que je ne reverrai jamais plus et, soufflant ma bougie, je fais cette réflexion que, pour une journée bien employée, celle-ci ne laissait rien à désirer.

Six heures trente, gare des Brotteaux, Lyon.

Dix heures trente-cinq, Genève.

Quatre heures dix-huit, Berne.

Huit heures sept, Thoune.

Neuf heures à minuit, crevasse de Jacob, récits, pipes, chopes, etc.

Fis-tu jamais mieux, ô Titus ?

A peine endormi, je tombe dans la grande crevasse du glacier inférieur de Grindelwald.

Là haut, des mains inconnues, blanches, mignonnes et nerveuses me lancent une corde et me tirent du gouffre. Rien de fracturé.

Merci, Mesdames, merci !

———

§ 3. — YUNGFRAU.

La gare de Thoune est la gare de l'Oberland...

L'Oberland bernois est le compartiment le plus brillant des Alpes, s'il n'en est pas le plus étrange. Dieu s'est plu à réunir là ce qu'il avait de mieux, de plus chatoyant comme décors en magasin, lacs, glaciers, chalets, pâturages, cascades, panoramas, expositions universelles et permanentes à la portée de toutes les forces, de toutes les intelligences, et, suivant Plumette, de la plupart des budgets. Hum ! Hum !

Quelle idée a eu l'homme de mettre l'art en concurrence avec la nature et ses immortelles splendeurs. Si l'on ne fait un coup d'Etat, l'homme finira par gâter l'œuvre divine.

Tenez, Mesdames, pas plus de trois ans que je suis entré dans une fureur écarlate devant le Giessbach, la plus gracieuse chute de l'Oberland ! Chemin de fer pour les quelques centaines de mètres du lac de Brienz au terre-plein de l'hôtel. Eclairage au gaz ! au gaz !!!

Ce n'est pas au Giessbach que j'en veux, mais aux Vandales qui le condamnent à deux heures d'illumination quotidienne et tarifée. En vérité, Mesdames, l'Oberland se perd, il est perdu. Si vous le voulez admirer avant sa décadence, hâtez-vous ! Les temps sont proches.

Sous le règne du bonhomme *Jadis*, la navigation des lacs se faisait en nacelles à voiles ou à rames. Les batelières de Brienz ! que de mélodies et de cantilènes n'ont-elles pas inspirées, avec accompagnement de mandolines ou de pianos !

Plus tard ont été lancés les avisos à vapeur du tonnage de nos mouches, coulés bas à leur tour, torpillés par de puissants steamers à l'américaine commandés par des amiraux très barbus, aux casquettes des plus galonnées.

Nous avions des sentiers émouvants, hardis comme des pages, vous arrachant, ô lectrices ! d'adorables petits cris d'effroi. Qu'en avons-nous fait ? Révoqués. A leur place des routes poudreuses, bêtement macadamisées suivant les règlements de voirie, sillonnées de landaus jusqu'au jour prochain où, mordant le sol de ses dents de fer, la locomotive échappée du Creusot émiettera la calèche, comme la calèche a culbuté le char-à-banc national, comme la vapeur a tué par asphyxie la batelière de Brienz.

J'ai fait nombre d'ascensions au Righi-Culm en wagon, remorqué par une machine à haute pression. Beautiful ! croassaient les Anglais... Beautiful, wery-wel ! Une horreur ! Un parricide alpestre !

On m'écrirait d'Interlaken qu'une société anonyme s'organise pour éclairer à la lumière électrique l'immortelle Yungfrau que je n'en serais pas autrement surpris. Ah ! que, du haut de ses quatre mille mètres, la noble et radieuse montagne doit prendre en pitié le remue-ménage qui se manifeste à sa base... les villas, les palais-caravensérails, les kiosques chinois, les casinos moresques, les bazars orientaux, les salons de coiffure, les Dons-Juans du café de Paris, et les Armides vaporeuses des bords de la Tamise !

Oui, Mesdames, le vieil Oberland se meurt ! Jusqu'à l'aristocratie de ses glaciers qui se retire en protestant contre la pseudo-civilisation. Voyez le Grindelwald, le Tschingel, le Lauter-Aar, le Rosenlauï.

Les alpinistes, — je parle des vétérans — ils s'en vont au Mont-Rose, dans les Grisons, à la Meige, au Viso qui n'ont pas encore de gazomètres. Le jour où Mont-Rose et Grisons seront éclairés autrement que par les rayons du soleil ou les éclairs de la foudre, la Suisse aura fait son temps : *Finis Helvetiæ !*

J'ai pris congé de l'Oberland comme d'un ami qu'on ne doit plus revoir. Je porte le deuil de la Yungfrau. Un crêpe à mon bâton ferré !

Parlez-moi de l'Oberland de 1844 ! Mieux encore, gracieuses collègues ! Soyez parfaites de bienveillance et de générosité ! Laissez-moi vous conter mes premiers pas à travers cet Eden, au courant de la plume, à la bonne franquette... Un peu plus — j'ai retenu Plumette — en manches de chemise.

Je vous comprends. Une esquisse. C'est une esquisse qu'il vous plairait loger dans votre album ? Sans palette ? Sans pinceau ? Nenni, Mesdames ! Je me récuse.

Tout au plus un coup de crayon pour Interlaken le plus ravissant des parcs du monde déployant ses féeries du lac de Thoune au lac de Brienz ; celui-là plus correct, plus mondain; celui-ci plus sauvage et plus tourmenté.

Orientons-nous au sud. Le regard plonge dans une tranchée ouverte par la massue de quelque Titan jusqu'à la plus étonnante barricade de neiges, de glaces et de rochers. La tranchée se nomme Lauterbrunnen. La barricade, vous l'avez nommée d'instinct, la Yung-frau ! la Vierge !

J'avais donné rendez-vous pour le 21 avril 1844, au gast-hause de Thoune, la Croix-Blanche, à mon ami Achille M..., voyageant alors en Suisse pour la maison paternelle ; denrées coloniales d'après Achille, épiceries selon moi ; source inépuisable de conflits à faire crever les naufragés de la Méduse, de rire au lieu de faim.

Ponctuel comme une lettre de change tirée sur la maison M... père, fils et Cie, mon ami s'était fait débarquer à Thoune deux heures avant l'échéance, coup de fortune non moins heureux qu'imprévu, en ce qu'il lui avait facilité, m'attendant, le dépôt de quelques échantillons en cafés, savons, sucres et pruneaux.

Or, le 22 avril 1844, après deux heures de navigation au long cours sur le lac de Thoune, trois jeunes et robustes piétons, Achille M..., Louis V... son Patrocle et Jacob, leur cornac, franchissaient le défilé qui d'Interlaken devait les introduire dans la gorge de Lanterbrunnen.

Lauterbrunnen ! alliance en quatre syllabes de deux mots tudesques... (*Lauter*, claire, *Brunnen*, fontaine.) Jamais union ne fut mieux assortie.

A droite et à gauche se dressent à une hauteur moyenne de cinq cents mètres deux parois taillées absolument à pic, tapissées de rochers de toutes formes et

de toutes nuances, de forêts en clairières se soutenant
par des miracles d'équilibre et de cascades qui vont,
grondeuses, se noyer dans les Lutschines. Car elles
sont deux, la blanche émergeant des profondeurs de la
vallée, et la noire descendue des glaciers de Grindelwald. Lutschine blanche et Lutschine brune cela fait
bien la paire, soit en leur jargon tudesque la *Sweiluts-
chinen* qui, pour être logique, devrait adopter le nom
de Lutschine grise.

Au fait — sauf calembour damnable — je la crois
quelque peu grise, rien qu'à ses soubresauts, au débraillé
de sa tenue, aux éclats de sa voix mugissante. Je ne
sais pas torrent plus rageur, lorsque démuselé par la
tempête il déchire ses berges et mord aux roches de
granit.

Sous le charme de cette grandiose nature, nous
flânons le nez au vent, aspirant avec délices l'arôme
des bois, épuisant à petites gorgées la coupe de nos
sensations. Achille, un débutant, ne pouvait se mettre
d'accord avec son bâton ferré qu'il se fourrait dans les
jambes. Louis fumait comme le Vésuve en éruption.
Avec son répertoire de ranz-de-vaches, Jacob agaçait
les échos qui les lui rendaient note pour note.

— Morbleu ! — c'est Achille qui jure — arrivera-t-on ?

— Bientôt !... oui... Monsieur est pressé ?...

— Non... c'est pour savoir...

— Marche ! Marche ! Juif errant de l'épicerie !

— Epicerie toi-même, avec cela que votre chienne
de route...

— Eh bien ! Monsieur Achille... ma route ?

— Pour étroite, elle est étroite... mais elle se rattrape joliment sur la longueur...

— Patience ! avant peu nous serons chez Annaly.

— Annaly ?... Qui çà ?

— Vous verrez, Messieurs, vous verrez...

C'est ainsi qu'après une course de trois heures, nous abordons au Steinbock (capricorne), le seul gîte de l'époque à Lauterbrunnen. Ils sont aujourd'hui quatre ou cinq... Hôtels de premier ordre, fraîchement réparés décorés, etc., etc... Le Steinbock est distancé.

Un oubli : longtemps avant le Capricorne, doublant l'un des promontoires de la vallée, nous avions distingué, pendue à la muraille de droite, une pièce de gaze argentée paraissant à vue d'œil mesurer de deux à trois cents mètres...

— Le Staubbach ! fait Jacob, étendant la main...

C'était bien, parbleu ! le Staubbach, ruisseau de poussière, l'un des demi-dieux parmi les ondines de l'Oberland. Les autres sont Reichembach, une élégie; Giessbach, une idylle ; Handeck, une épopée ; Schmadribach, une tragédie. Certain jour je lui ai fait le sacrifice très involontaire de mon chapeau emporté par un courant d'air magistral.

Sous le vestibule du Capricorne, un descendant de Goliath, trapu, fauve et gracieux comme les ours de son pays..., le maître de céans... L'ours ébauche un sourire aux touristes d'avant-garde, inaugurant la saison. Il veut leur sauter au cou. Les touristes modèrent son élan, si bien que le digne homme en désarroi ne trouve rien de plus sage que d'appeler à son aide:

— Annaly ! Annaly ! Sacremente ! Annaly !

Une sommation si peu respectueuse fait sortir, de je ne sais quel trou de souris, la plus mignonne créature qu'ait jamais baptisée le pasteur de Lauterbrunnen. Annaly, presqu'une enfant, orpheline, nièce et pupille de Bohœren l'ours en chef du Steinbock..., Annaly, minois piquant, tournure leste et dégagée, Willis en corsage et collier de velours noir, ce gracieux collier que maintiennent par leur poids la double chaînette d'argent signalée dans une livraison précédente. Annaly la petite fée aux cheveux d'or tressés, ruisselant sur ses épaules, Annaly l'âme du Steinbock, alerte, frétillante, en un mot l'Annaly prédite au commis-voyageur Achille par le prophète Jacob.

L'âme du Steinbock nous accueille avec un sourire empressé qui, à tout hasard, semble demander pardon pour son oncle et tuteur, au cas probable où il aurait lésiné sur les frais généraux de grâce et d'amabilité.

Provisoirement, Achille, le bouillant Achille, décoche une œillade assassine à la perle de Lauterbrunnen.

Vers 1851, j'ai retrouvé la petite Annaly, toujours pimpante, plus gracieuse encore, parlant en quatre styles différents, presque comme César, répondant en Anglais aux perpétuelles objections des gentlemen, s'égayant avec l'artiste français, ripostant par une plaisanterie aux madrigaux tudesques de l'étudiant germanique, et secouant, dans son rauque patois de l'Oberland, le personnel enrôlé sous ses ordres suprêmes.

Du temps qu'Annaly met sa cuisine en feu et collabore au diner, nous, touristes, brossons nos paletots, ajustons le nœud de la cravate et gantons nos *huit* pour aller en visite au Staubbach, distant de quelques minutes à peine. Le Staubbach était chez lui.

Vous saurez, Mesdames, que pour toucher à la base de la colonne, on doit gravir un amas de débris vomis par la cascade. Au centre du talus se creuse un entonnoir, une sorte de plat à barbe. Si du bord de l'entonnoir vous levez le nez et les yeux vers le Zenith, vous comprendrez de quelle conscience s'inspire l'illustre cascade pour justifier son titre à l'admiration du public. Ce n'est pas l'eau qui se jette par la fenêtre, c'est une poussière impalpable, porphyrisée, flottant et se déroulant le long de la corniche en saillie, tandis que, jouet du vent, la partie volatilisée se balance au loin et ne touche au sol que sous forme de vapeur.

Parti de l'une des cimes de la Yungfrau, un arc-en-ciel au grand complet s'était adjoint à la cascade. Au lieu de poussière d'eau claire, elle roulait une poussière multicolore. Je prends la parole :

— Savez-vous, Jacob ? qu'il est très bien, votre Staubbach ? très gentil.

— Vous trouvez, Messieurs ?

— Très gentil tant qu'on voudra ! fait Achille grommelant. — N'empêche pas que je suis trempé comme une éponge...

— Et après ? L'éponge rentre-t-elle, oui ou non, dans les denrées coloniales ?

— Encore des bêtises ! On parle de douches écossaises ! en voilà !

— Ouvre ton parapluie !

— Inutile, Messieurs !... Si j'ai un conseil à vous donner, c'est de rentrer... Prenez garde aux cailloux

dégringolant de là-haut avec le bruit et la rapidité de
la grêle.

— Oh !

— Oh ! oh !

— Il n'y a pas de oh ! oh ! ces cailloux rebondissent
comme des balles élastiques, et peuvent attraper l'ob-
servateur imprudent... qu'est-ce que cela leur fait à ces
pierrailles d'assommer un visiteur ? elles ne compren-
nent pas...

— Diantre ! Achille, sauve qui peut !

— Sauve qui peut ! allons retrouver Annaly !

— Drôle ! je le dirai à papa ! A table, mes enfants !
ce sera plus moral... Jacob, qu'en pensez-vous ?

— Je suis pour obéir à ces Messieurs...

Dans l'un de mes pèlerinages au Staubbach, le hasard
me fit assister à l'épisode que voici :

Deux dames — mère et fille assurément — deux
dames suivaient d'un pas noble et majestueux le sentier
tracé de l'hôtel à la cascade. Trois guides les précé-
daient, armés de leur piolet ainsi que des sapeurs. En
serre-file des dames, deux laquais colosses, hauts de
six pieds, embossés dans leur capote à livrée, le chapeau galonné sous le bras gauche, et de la droite maintenant dans un sage équilibre, chacun sur son occiput,
une chaise les quatre pieds en l'air.

— Quelle est cette procession ? nous disions-nous
en a *parte.*

Au bas du talus de la cascade, à distance honorable,
les chaises sont retournées, placées dans leur état nor-
mal, calées par de petites pierres. Les dames ajustent
leurs robes, se drapent dans leurs mantes, s'installent,

reines ou déesses, comme dans une loge de premier rang, déploient leurs jumelles et lorgnent le Staubbach... sans mot dire.

Et, tandis que les guides vont, à notre exemple, se faire mouiller ainsi que des barbets, à quatre pas en arrière des spectatrices, les Cosaques se tiennent droits, immobiles, au port d'arme, guérites vivantes, chapeau bas, toujours... au risque de s'approvisionner en coryzas pour le reste du voyage.

Au bout de cinq minutes de silencieuse contemplation les imposantes étrangères se lèvent tout d'une pièce. Par un file-à-gauche automatiquement exécuté, le cortège se remet en marche, gardant au retour la solennité de l'aller.

— Que sont ces dames? demandai-je, *mezza-voce*, à l'un des guides.

— Je ne sais trop, Monsieur... la grande?

— Oui...

— La maman?

— Oui...

— Une princesse Russe... quelque chose en... Skoff...

— Et l'autre?

— Oui...

— La petite?

— Oui.

— Une seconde princesse Russe... en Kieff... je crois..

— Merci, mon brave! offrez mon hommage à ces dames... Priez-les de ne pas s'amuser autant, c'est scandaleux.

Le boyard au sommet, le moujik à la base... Entre deux, presque rien... N'est-ce point là, ô lectrices! ce

que les forts en politique appellent la grande et sainte
Russie.

Si j'ai la mémoire du cœur, j'ai l'oubli de l'estomac.
Le dîner d'Annaly fut-il digne d'elle et de ses fourneaux?
Il le faut croire, à la férocité qui présida au massacre
des plats étalés sur la nappe. Notez que, sans perdre
un coup de dent, Achille dévorait du regard la mignonne
Annaly qui, bourdonnante et sautillante, se multipliait
pour le service.

Seul, Jacob se montrait soucieux. Il se frisait la
moustache.

— Jacob! mon ami!... Vous ne mangez pas?

— Au contraire!... Monsieur L...

— Vous buvez mal!

— Si l'on peut dire! — Réplique Jacob, donnant un
démenti plein son verre à mon doute insultant. — Peut-
être aussi, Messieurs, y a-t-il bien quelque chose?

— La chose? On demande la chose?

— Je vas vous dire...

— Voyons, Achille! ne roules pas tes gros yeux,
ainsi qu'un phoque aux abois... Ecoute la chose de
Jacob...

— Voilà! Ces Messieurs ne sont pas venus de si
loin sans avoir entendu parler, peu ou prou, d'une
route à voitures montant en deux petites heures d'ici
au Grindelwald par la gorge de la Lutschine noire...

— Connu, connu, mon brave. Route percée pour les
invalides qui n'en peuvent *mais*, ou pour les imbéciles
qui portent double gilet de flanelle.

— Bravo!... s'exclame Achille.

— Mais... pour des hommes d'énergie, de savoir et de goût... Pour nous deux...

— Bravo ! Bravo ! Est-il éloquent, cet animal de Louis !...

— Tu m'embêtes... Pour de tels hommes, je ne sais qu'une façon digne et honorable d'entrer en connaissance avec ses merveilleuses régions... à pied... par le sentier des chèvres, bâton en main, sac au dos, sous la haute direction du guide Jacob, ici présent, le plus jeune, le plus vaillant..., le plus..., le...

— Oh ! Messieurs ! Messieurs ! Assez !

— Vas toujours, Louis... Tape dur !

— Une route ? — Fait mademoiselle Annaly, prenant voix au congrès. — Il n'y en a pas...

— Pas de route ?

— Pas de route ?

— Pas encore, Messieurs !

— Alors, comment fait-on ?

— On ne passe pas ...

— Soit, ma fille. Mais... si je veux passer, moi ?...

— Justement, c'est là justement ce qui... comment disiez-vous tout à l'heure, monsieur Louis ? ce qui m'embête, sauf votre respect !... A ne vous cacher rien, les neiges ne me sortent pas de la tête... Jusqu'aux chalets de Schiltwald, ça ira sur des roulettes..., une promenade... Ah ! par exemple de Schiltwald au chalet de la Wengen-Alp, de la Wengen-Alp au col de la Scheidegg.

— N'écrit-on, ne prononce-t-on pas Scheidek ?... avec le k final.

— Oui... ceux qui n'y connaissent rien...

— Merci !... Qu'est-ce que je démande... moi ?... à
m'instruire.

— Et finalement, du col jusque tout joignant le Grindelwald, nous marcherons plus sur la neige que sur les
pièces de cent sous... De la neige ? Oh ! oui... nous en
aurons... que vous m'en donnerez des nouvelles.

— Pas de danger. Hein ?

— Je l'espère... Pour de la peine...

— La peine ?... Nous avons du nerf... pas vrai, Achille ?

— Dame !

Mon pauvre camarade ne semblait pas sûr de son
fait.

— Que ces Messieurs prennent garde !

— Garde à quoi, mademoiselle Annaly ?

— A ce qu'ils vont être les premiers.

— Eh bien ? Après, mon enfant ? En toutes choses
ne faut-il pas un premier ? A la Wengen-Alp comme
ailleurs... Vous, par exemple, n'aurez-vous un premier ?

— Lequel sera mon dernier...

— Et son tout !... soupire Achille la bouche en cœur.

— Si nous faisons des charades, je m'en vais !

— Cependant, mon cher, l'opinion d'Annaly semble
contre nous...

Le lâche allait capituler. Une inspiration d'en haut
ouvre mes yeux à la lumière.

— Qu'on aille chercher l'oncle ! L'oncle mort ou vif !

L'oncle paraît :

— Voyons, père Bohœren ! Vous connaissez la Wengen-Alp ?

— Ja ! Che la gonnais... sans la gonnaître... au vingt-
teux avril... fous gomprendre !

— En votre âme et conscience, jugez-vous qu'il y ait péril à la traverser ?

— Ja ! En mon âme et gonscience... Che ne chuche pas... La brochet...

— La brochet ?... Bon ! Bon ! J'y suis... Le projet...

— Ja ! La brochet il est déméraire... Mais... on beut dender l'afenture. Foilà mon afis ...

— La sagesse parle par ton organe franco-allemand, oncle vénérable ! Pour lors...

— Pour lors... — interrompt Achille — je demande la parole...

— Jacob l'a demandée avant toi. Jacob ? votre sentiment ?

— Ma foi !... Je suis pour risquer le paquet.

— *Alea jacta est* ! C'est du Lamartine... Du Lamartine de 48. Cà ne fait rien... Risquons !

— Un moment ! Un moment !

— Achille ! Silence!

— Non, sacredienne ! non, mille fois non. Le scrutin nominal... On demande le scrutin.

L'opération faite dans toutes les règles aboutit au résultat suivant : pour l'ascension, Bohœren, Jacob, moi. Contre, deux : la jeune Annaly, puis Achille, plantureuse et lourde planète entraînée dans l'orbite aimanté de l'astricule de neuvième grandeur.

Je reprends la parole :

— Mes enfants! La majorité vient de prononcer. Assez de discours !

— Remarquez, Annaly, qu'il n'y a que pour lui à parler, murmure Achille, piqué visiblement de s'être trouvé en minorité.

— Si tu dis un mot, je te rappelle à l'ordre avec mention au procès-verbal. Voici l'heure de songer à l'action. Trois choses essentielles : 1° chaussures à clous renforcés... nous les avons aux pieds ; 2° bâtons plus résistants que les nôtres. Bohœren nous les donnera.

— Ja ! Teux francs, le pâton !

— Vous les aurez, vieux Juif ! 3° des vivres...

— Je m'en charge.... fait Annaly combinant un sourire avec une révérence : gigot de mouton, jambon fumé...

— Pas de perdreau truffé... je vous en prie...

— Vous dites ?..

— Je dis : fromage, n'est-ce pas ?

— Avec des oranges... Deux bouteilles de vin vieux.

— Mettez en trois, Annaly, et n'en parlons plus ! Avec cela, du sel qu'on oublie toujours... du kirsch, du café..

— Pourquoi le café ?

— Elle est étonnante, la perle de Lauterbrunnen ! Généralement que fait-on du café ?

— On le vend ! s'écrie Achille dont la nature épicière reprend le dessus. J'en ai livré de belles quantités à la clientèle suisse.

— Et pourquoi ces livraisons à la Suisse que vous allez empoisonner, jeune droguiste ? Ton café sera torréfié, moulu, passé au crible de la Dubelloire, versé sucré, bu, n'est-ce pas ?

— Tiens ! Tiens ! Ces Messieurs aiment le café noir à la glace ?

— Qui vous parle de glace, Annaly ? Parbleu ! nous le ferons chauffer, votre moka.

— Là-haut? dans les neiges? Je voudrais voir.

— Il ne tient qu'à vous... Annaly?

— Monsieur?

— Doutez-vous de la Providence?

— Cette question !

— A votre âge? ce serait affreux. Eh bien! Fillette, la Providence y pourvoira. L'ordre du jour est épuisé, l'orateur aussi. La séance est levée. Achille! au lit! Jacob, à quelle heure demain?

— Six... sans commander à ces Messieurs.

— Six! trop tôt.

— Achille! Achille! si jeune et oublieux déjà de l'immortel distique de je ne sais plus quel poète, Victor Hugo peut-être.

— La neige du matin...

— Réjouit le pèlerin.

— Plus vrai que ces Messieurs ne pensent, ajoute le guide. Au petit jour le soleil n'aura pas tapé sur la neige... et, la neige, chacun sait ça, plus qu'elle est ferme, moins qu'on enfonce...

— Nous enfoncerons?

— Oui, mon honorable ami, jusqu'aux oreilles inclusivement. Sur ce, nos adieux à la Yungfrau du Capricorne... Viens-t-en coucher ! Gut nacht, père Bohœren !

— Ponsoir meinhers !

A l'heure dite, Mesdames, la caravane était sur pied. Sanglées, chargées aux épaules du guide, les subsistances nous rassuraient contre les éventualités d'un tirage au sort, pour savoir celui de nous trois qui serait dévoré par les deux autres, le cas échéant. Café

de l'aurore absorbé... soleil secouant dans un ciel limpide, ses rayons ébouriffés... heureux présage !

L'oncle Bohœren nous souhaite un *pon foyache*. Il
nous permet de cueillir sur les joues fraiches et rosées
de sa pupille un double et retentissant baiser qu'il ne
porte pas, le digne tuteur, sur la carte à payer, d'une
modération, d'un puritanisme auxquels voici plus de
quarante ans, je me plais à rendre hommage.

Souvenez-vous, lectrices ! Je l'ai dit, la vallée de
Lauterbrunnen est une fissure, un corridor long de vingt
kilomètres sur une largeur moyenne de cent mètres, la
Lutschine blanche opérant au centre. On se demande
par quels procédés mécaniques se fera l'escalade des
murailles à pic fermant la gorge, tellement l'exercice
paraît invraisemblable. Peu de sentiers alpestres de
caractère à lutter pour la raideur et l'escarpement avec
celui qui se tort de lacets en lacets jusqu'aux pâturages
de Schiltwald. A voir les touristes collés aux rochers on
dirait des caravanes de fourmis.

Les contreforts de la vallée de hauteur égale et de
formation identique, jadis contigus, ont-ils été révolu-
tionnairement écartés, ou le milieu s'est-il affaissé sous
le poids de quelque cataclysme inédit? Mes études
géologiques ne m'ont pas fait monter au niveau du
problème. Quoi qu'en puisse dire la science, l'abîme
verdoyant de Lauterbrunnen, lorsque le soleil en éclaire
les profondeurs, produit un effet magique. Le Staubbach
qui se balance fouetté par un coup de vent remet en
mémoire la queue légendaire du cheval de l'Apocalypse.

Du bord de notre terrasse séjour du vertige, jusqu'à
l'arête de la Scheidegg, se déployait un steppe neigeux

taché de bouquets de sapins, ridé de sombres ravines. Nous sommes en présence du monstre. Jacob frise sa moustache, Achille pousse un soupir gros d'alarme, j'astique les verres teintés de mes lunettes, leur recommandant mes yeux, la gourde au kirsch circule en signe de viatique... Cela fait, l'équipage s'embarque résolument mettant le cap droit sur la Yungfrau en vue au premier plan.

Comptez ici, Mesdames, trois heures de glissades et de grimpades, de jurons polyglottes, de culbutes, de plongeons, d'éclats de rire, de bons et de mauvais mots... mauvais plus souvent que bons. Trois heures accidentées, terribles ici, là grotesques. Tragi-comédie sur le grand théâtre de l'Oberland !

Le guide ouvrait la marche. Sec, effilé comme une sardine, il pénétrait peu dans la neige. Je m'y plantais plus profond, Achille, lui, faisait grand. On le voyait disparaitre jusqu'aux genoux, se redresser, patauger, se débattre comme un démon pour s'effondrer mieux. Il appelait à son secours, et nous requérait d'urgence pour opérer son sauvetage. Il parlait de se mettre à la nage et de s'accrocher à la première planche qu'il rencontrerait. Le malheur... c'est qu'il ne rencontrait pas de planche.

— S... pays ! quelle idée aussi de venir batailler contre la neige de tout un hiver ! J'aurais dû écouter Annaly... Bon ! encore un trou ! oh ! là, là ! une entorse !...

— Où ?

— Le sais-je ? à la cheville... au talon ?

— Au talon ? pas possible... Un Achille.... Et le bain

de pied du Styx? et Thétis, ta noble et prévoyante mère ?

— Si tu m'asticote encore, je te brûle la cervelle.

— Avec une balle de neige ?

— Tiens ! c'est vrai... j'ai laissé mon revolver dans ma valise, à Thoune.

— Allons, mon ami, ta main... que je te tire de ton puits... comme un seau...

— De quelle manière l'entends-tu ?

— Pardieu ! je l'entends... comme un seau d'eau claire, tu ne me laisses pas finir... houp ! houp ! ça y est, te voilà sur pied...

Et... pendant nos luttes, nos combats, nos victoires et nos revers, la Yungfrau trônait éblouissante dans sa gloire et sa majesté.

Au détour de la montagne, je lance, avec tout l'éclat de ma basse taille, une exclamation de surprise et de joie :

— Une cheminée, deux cheminées, un pan de toiture !

— Notre halte. Messieurs! Le chalet de la Wengen-Alp.

— Le chalet ? Ouvert au public ! Déjà ?

— Non, monsieur Achille..., pas avant deux mois...

— Encore enterré sous la neige...

— Exactement comme moi...

— Mon cher Achille, un dernier effort, nous y sommes...

— C'est que je suis gelé, moi... je dois être au-dessous de zéro. Qu'allons-nous faire, guide ? dites ?...

— Vous allez d'abord, Messieurs, avec vos bâtons, avec mon piolet, me déblayer proprement deux mètres carrés de cette gueuse de neige sur l'esplanade du chalet.

— Il y a une esplanade?

— Vous êtes dessus, Messieurs... deux pieds de profondeur, peut-être trois... Vous avez froid... mon petit exercice vous réchauffera...

— Merci, proteste Achille indigné... si vous croyez, vous, qu'un notaire royal, qu'un négociant français vous font l'honneur de venir en votre brigand de pays pour balayer les rues? nous ne sommes pas des cantonniers!... nous !

— Du calme, Achille! du calme, n'oublies pas le huitième commandement de Dieu.

— *A ton guide-âne obéiras.*

— *Afin de marcher sûrement.*

— Louis ! tu es un sage... piochons !

Entre temps Jacob avait disparu derrière le chalet, dans la neige jusqu'à je ne sais où... Un cri de triomphe retentit à nos oreilles.

— Du bois, Messieurs, du bois!

— Une coupe de bois ?

— Mieux encore... du bois coupé ! Des bûches abandonnées par l'aubergiste... sous le hangar...

— La providence !.. Tu vois Achille? La providence ! Que disais-je à mademoiselle Annaly ? Adorons ses décrets !

— Les décrets d'Annaly ?

— Tu me scies à la fin. Je lui parle providence, il me répond Annaly ! Pas moyen de s'entendre.

Jacob rentre en scène, portant une demi-douzaine de souches vénérables et un fagot. Les déblais sont terminés, le bûcher s'élève, les allumettes pétillent, la

fumée se tort en spirales, le feu flambe, nous ne mour-
rons pas plus de froid que de faim.

Le sac aux provisions est éventré. Elles renaissent à
la lumière. Nos plaids se font tapis de Smyrne. Les
jambes se mettent en croix, à l'orientale... Tout est prêt.

C'est alors, Mesdames, que, levant les mains au ciel,
pénétré d'un saint enthousiasme, je réédite la strophe
du Thabor : « Seigneur ! Seigneur ! nous sommes bien
ici, dressons-y trois tentes, une pour Achille, une pour
Jacob, une pour moi, votre serviteur indigne. »

— Amen ! répondent mes deux sacristains.

Rien ne nous manquait, pas même le *benedicite*.
C'était l'heure psychologique... Oui l'heure de rompre le
jeûne, l'heure aussi de la contemplation.

A deux mille mètres environ, le plateau de la Wengen-Alp est l'avant-scène favorite pour l'étude de la
Yungfrau, élévation, coupe et profil, ensemble et détails.
Nul obstacle, aucun parasite entre le spectateur et la
crête au cimier d'argent mat de la prima dona de
l'Oberland. Ses flancs disparaissent sous un corsage de
neiges et de glaciers dont le soleil fait miroiter les
facettes. De toutes parts d'affreux ravins burinés par
ses avalanches.

Au sentiment des docteurs-ès-Alpes, si la Yungfrau
n'est pas la plus imposante entre ses rivales, elle en est
de beaucoup la plus populaire et la plus sympathique.
Taille svelte à 4.167 mètres ! toilette de bon goût.
Tenue parfaite... Tout pour elle.

Gardée par le Mœuch (Moine), par l'Eiger (Aigle),
par une cohue de duègnes rébarbatives, la Yungfrau

sera toujours fière du nom qu'elle porte, mais qu'elle ne mérite plus, hélas ! pauvrette !

Déjà, vers 1811 ou 1812, certains frères Meyer d'Aarau s'étaient flattés d'avoir arraché du front de la Vierge la couronne de fleurs d'oranger qui la coiffait depuis les siècles des siècles.

De nouveaux ascensionnistes, fous à lier, font mieux ou pire. Ils escaladent par tous les bouts. Si ce n'était presque journalier dans la saison des Alpes, et d'ailleurs très officiel, j'en serais encore à leur endroit à l'incrédulité de l'apôtre saint Thomas, tellement l'abord est défendu par la hauteur prodigieuse des précipices, et par des escarpements à donner la chair de poule.

Après cela, tout est possible. Le 13 juillet 1865, le Mont-Cervin, un bien autre lutteur que la pauvre Yungfrau, ne s'est-il pas laissé prendre d'assaut ? Vous me direz, Mesdames, que, sur les sept grimpeurs auxquels il avait affaire, si trois sont redescendus indemnes, trois autres dorment côte à côte dans le cimetière de Zermath. Le septième — lord Douglas — n'a pas été retrouvé.

Ah ! Mesdames ! c'est que dans nos clubs-alpins tout n'est pas rose.

Nous allions faire bouiller le café. Une détonation se fait entendre... Quelque chose comme un coup de tonnerre. Jacob lâche sa cafetière vide encore heureusement, nous saisit, Achille par le bras droit, moi par le bras gauche, et d'une voix brève :

— Silence !

— On tire le canon ?

— Silence !

— Ah ! mais... dites donc, vous ?.. Ne serrez pas si fort...

— Vous nous faites mal... Qu'est-ce qu'il vous prend ? Une névralgie ?

— Non, Messieurs..., une avalanche.

— Une avalanche !!! Est-ce Dieu possible ?

— Regardez !...

Nous levons les yeux. Tout près du point culminant, nous constatons... nous constatons deux niaiseries en histoire naturelle, chacun la sienne, Achille et moi. L'avalanche n'est pas ce qu'un vain peuple pense. Je m'étais fait l'idée d'un tombereau, d'un grand tombereau plein qu'on accule. Le chargement, pensais-je, doit être une macédoine de neige et de glace, au lieu de pommes de terre ou de charbons. Voilà toute la différence.

Oh ! simplicité du jeune âge ! L'avalanche-nature ne ressemble pas à l'avalanche-fantaisie.

Voici le phénomène dont nous fûmes les témoins. Je l'ai vu se reproduire cent fois tant de Wengen-Alp que d'autres observatoires. Je prends la Vierge pour type.

A la première pétarade, un ruisselet d'argent se glisse entre les créneaux de quelques rochers à peu de distance du sommet. Il se déroule avec une grâce nonchalante sur l'une des épaules de la Yungfrau...

— Qu'en dis-tu, Achille ?

— Très joli...

— Trop joli ! Une réduction du Staulbach !

— Attendez, Messieurs !

Nous n'attendons pas. Une explosion nouvelle part d'un gradin supérieur du cirque vertical, taillé en éventail au pied de la cime, d'où, sous la pression de la cascatelle, se détache et se précipite au milieu de vapeurs avec le fracas de la tempête, de puissantes masses de neige qui, divisées par les saillies rocheuses, s'enflent, bondissent, tourbillonnent, ricochent de corniches en corniches, allant, après mille cabrioles, plonger dans l'étroite et affreuse vallée du Trummeletenthal (vallée tremblante).

Quand je dis vallée... question de courtoisie... rien de plus. Le Trummeletenthal est un horrible fossé creusé entre la Wengen-Alp et la Yungfrau, inhabitable, inhabité, rendez-vous obligatoire des avalanches d'alentour.

Tant que le drame tient la scène, se succèdent les éclats de grosse artillerie et ses roulements, tandis que la Vierge dessine dans l'azur des cieux son front immaculé et, par son calme auguste, ajoute à l'effet du drame qui se joue à ses pieds. Le tumulte et le fracas cessent eux-mêmes tout d'un coup. La grande et austère nature des Hautes-Alpes rentre dans son repos et dans son recueillement.

Nous étions littéralement abasourdis.

— Eh bien! Achille!

— Louis? Eh bien!

— Qu'en dis-tu?

— Tu te fâcheras si tu veux... C'est tout bêtement sublime.

— Tout bêtement? Et ton entorse?

— Est-ce que j'y songe? Ai-je une entorse? Bravo! l'avalanche! Bravo!

— Bis... l'avalanche! Bis!

— Soyez tranquilles, Messieurs... La Yungfrau ne se fera pas prier.

— Pas moins, reprend Achille. Je hasarderais une légère observation... si j'en étais capable.

— Tu es capable de tout... Hasarde, mon ami, hasarde.

— Pour un peu de neige, ne trouves-tu pas que c'est beaucoup de vacarme...

— Un peu de neige ! — fait Jacob prenant pour son compte la question d'Achille à mon adresse : un peu de neige ! savez-vous, Messieurs ?

— Nous ne savons pas... Dites.

— Que dans ce peu de neige que vous venez de voir...

— Et d'entendre !

— Et d'entendre, oui... Sans le Trummeletenthal, il y aurait de quoi engloutir tout Lauterbrunnen.

— Avec Annaly ?

— Avec Annaly !

Sur cet effet dramatique, heureux et glorieux du triomphe de la Yungfrau, Jacob allumait sa pipe et mettait la cafetière au feu.

Nous humons avec volupté le moka suisse (vient-il de la maison M... père, fils et Cie, je n'ose le demander. Il n'en est pas meilleur).

Voici bien une autre diablerie, un, deux, trois, dix cors des Alpes soufflant nous ne savons d'où. Ils se prennent à nous écorcher les oreilles d'octaves à l'unisson répercutés à l'infini par les échos de Lauterbrunnen et de sa banlieue.

— Qu'est-ce Jacob ? Une avalanche en musique ?

— Non... une sérénade.

— En l'honneur de quels saints ?

— En l'honneur des saints de ces Messieurs... Là-bas, à une bonne lieue d'ici, cette taupinière... sur le plateau, de l'autre côté de la vallée, à droite du Staubbach... Voyez-vous, Messieurs ?

— Parfaitement.

— C'est Murren ! Murren, le village de tout notre Oberland le plus élevé (1.630 mètres). Rude excursion tout de même, sans faire du tort à la Wengen-Alp. Pour lors, Messieurs, on nous a vus de Murren. Ils ont de bons yeux. Votre présence annonce le retour de la saison.... Vous êtes les hirondelles de l'année.

— Entends, Achille ! Tu es une hirondelle...

— Et l'on vous souhaite la bienvenue, parce que vous êtes les précurseurs... les premiers...

— Juste... ce que disait Annaly ! Mes enfants ! — ajoute Achille. — Un hurra pour Murren ! Nos mouchoirs à la pointe de nos bâtons ! Vive Murren, Palsambleu ! Vive la Yungfrau ! Vive Jacob !

Achille était lancé. Les hurrahs, les étendards improvisés eurent un succès inespéré. Ils nous avaient compris à Murren, et longtemps encore les élèves de leur conservatoire nous envoyèrent les gammes les plus transcendantes, les plus échevelées de leur solfège.

Après, si ce n'est avant ses hôteliers, le coureur des Alpes a deux classes d'ennemis personnels.

Première classe : Mendiants de tout sexe et de tout âge. Pâtres en retraite, fillettes à tyroliennes, mères de quatorze enfants, joueurs d'accordéons, innombrables marmots courant sur vos talons, une fleur, un verre d'eau, une touffe de fraises, n'importe quoi à la main,

fabricants d'échos, artistes en avalanches. Ceux-ci foison-
nent à la Wengen-Alp.

Assez fréquemment la Yungfrau se fait tirer
l'oreille. Si vous n'avez le loisir d'attendre la fin de
ses caprices ni le commencement de ses avalanches, vite
un artilleur du crû, posté là, vous guettant, accourt son
petit canon sous le bras. Il le pose à terre, le charge,
l'amorce et le braque contre la montagne revêche....
Feu !.. Le coup part, l'avalanche aussi, détachée bon
gré mal gré par l'ébranlement de l'air. Le tour est
joué. Prix fixe : un franc.

Si même s'établit la concurrence qui est l'âme du
commerce, on peut se procurer pour soixante-quinze
centimes des avalanches très confortables et très
réussies.

Deuxième classe : Pluies, orages, brouillards.

De Lauterbrunnen partent, je suppose, à la *piquette*
du jour, Madame et Monsieur Trois-Etoiles, désireux
de contempler la Vierge avant la fin de leurs jours. Rien
ne ternit la limpidité du Ciel : Madame sourit, Monsieur
jubile.

— Dorothée ?
— Anatole ?
— Nous aurons une belle journée...
— Tu crois ?
— Oui, bijou !
— Merci, mon Dieu !

Ah! le bon billet! Du temps que monte le couple
enthousiaste, les nuées font le rebours. Elles descendent, enveloppant la chaîne, supprimant les glaciers,
décapitant les sommets. Pas vestige de Yungfrau.

La Vierge a pris le voile. Elle s'est cloîtrée. Madame et Monsieur Trois-Etoiles en sont pour leurs frais... Pauvre Anatole! Inconsolable Dorothée!

Mes états de service portent six campagnes à la Wengen-Alp. Eh bien, Mesdames! Je fais ici, devant Dieu et devant les hommes, le serment de n'avoir vu la Yungfrau, là, vu réellement, à ciel ouvert, en parure de bal et sans rideaux, que deux fois, deux misérables fois!... en 1844, mon début ; en 1873, ma représentation de retraite.

Et, voyez la chance du conteur! Au moment de cet adieu suprême, un tout petit flocon de nuage or et blanc monta silencieux de la gorge du Trummeletenthal, se prit à voltiger le long de l'amphithéâtre et vint effleurer comme un baiser le front de la jeune fille...

Ce fut très gracieux!

— Louis! Louis! — s'exclama soudainement Achille, m'arrachant à je ne sais plus quelle rêverie? — Louis! es-tu sourd? Que dit ta montre? La mienne est arrêtée...

— Ma montre dit quatre heures.

— Tant que cela!

— Alerte, Messieurs! Assez de Yungfrau pour aujourd'hui. Vous avez eu votre demi douzaine d'avalanches... n'en prenez pas davantage.

— Ce serait indigeste...

— Levons la table et décampons, Messieurs?

— Combien d'ici au Grindelwald?

— Trois heures !

— Oh !!! Qu'avez-vous encore à vous friser la moustache? Positivement, Jacob, c'est un tic ou un truc.

— Faites excuse... c'est un baromètre...

— Et que marque-t-il votre baromètre? tempête ?

— Variable!... Assez pour me taquiner... Ce couloir de neige qui monte au col... Ces Messieurs voient ?

— Très bien...

— Nous le retrouverons sur l'autre versant, frôlant l'Eiger et s'il s'arrête aux premiers sapins nous aurons du bonheur.

— Tout cela ne nous dit pas ce qui nous reste à faire...

— Parbleu ! à escalader le couloir par ici, puis là bas à le descendre.

— On le montera, pas vrai, Achille ?

— Et on le descendra... votre corridor.

— A votre aise, Messieurs ! Pas moins, comme le soleil chauffe pour tout le monde, pour les névés de l'Eiger aussi bien que pour ceux de la voisine...

— Après ?

— Après ? L'Eiger, lui aussi n'est pas plutôt sur le feu qu'il éternue des avalanches...

— Nous ne l'en empêcherons pas...

— Très bien... mais une chose qu'ignorent ces Messieurs, c'est qu'il n'y aura plus de Trummeletenthal...

— Pour recevoir l'avalanche dans son sein...

— Et qu'alors nous risquons de l'avoir sur nos bras... Brrr ! Fait Achille.

— Nom de nom ! Vous ne plaisantez pas Jacob ?

— Ici, en avril, on ne plaisante jamais...

— Autant dire que nous sommes...

— Non pas... En prenant des précautions... nous allons d'abord appuyer sur la gauche de la Scheidegg

et nous tenir à distance de l'Eiger... Vous garderez
ensuite le silence...

— Des trappistes... Achille, à toi !

— Pour toi, bavard.

— Où la neige le permettra... nous glisserons...

— Sur quoi ?.. demande Achille.

— Tu verras...

— Et dans une couple d'heures, allant bon train, ces
Messieurs seront à l'abri des polissonneries de cet Eiger
se donnant les airs de notre Yungfrau !... si çà ne fait
pas pitié !

— Pitié ! Dites donc que nous lui retirons notre
estime. En route, camarade, à l'assaut, à la grâce de
Dieu !

Trente minutes d'ascension forcée suffisent pour
franchir l'arête du col d'où nous découvrons à nos pieds
cette vallée du Grindelwald, poétisée en toutes les lan-
gues, mille fois crayonnée, photographiée, aquarellisée
et peinturlurée, elle, son Schreckorn (pic d'horreur), son
Finster-Aarhorn (4.275 mètres), son Faulhorn (corne
pourrie), ses deux glaciers et le reste.

Le Grindelwald ne m'a jamais fait de mal, au contraire... Et, en dépit de tout, Mesdames, je l'ai en mé-
diocre sympathie. Pourquoi ? Le sais-je ? Est-on l'arbitre
de son cœur ? Grandiose, sublime, tant qu'on voudra.
Mais... mais je ne l'aime pas... *Dixi !*

Nous eûmes à la descente quelques éternûments de
l'Eiger. Le plus osé fit halte à deux portées de carabine.
Mon pauvre Achille apprit sur quoi l'on glissait.

La nuit nous surprit peu avant l'hôtel de l'Ours à
Grindelwald, où nous vinmes échouer, harrassés,

moulus, disloqués. Onze heures, dont six à travers neiges ! ayez pitié de nous, Mesdames ! nous en avions assez.

La voix de Jacob : — Le sommelier demande ce qu'il doit servir à ces Messieurs... pour leur souper.

— Thé au rhum !

— Deux lits... bassinés ! appuie Achille !

— Une voix de sommelier, goguenarde : Ia ! ah ! ah ! ah !

Le lendemain Achille ne peut se tenir debout. Son entorse ! mon entorse à moi, représentée par une figure brûlée, gercée, tuméfiée, hideuse.

Avoir songé à tout, et oublié l'essentiel, le voile vert !

Je dus me résigner à de folles dépenses en badigeonnages à la crême... huit jours durant je me fis peindre à la fresque soir et matin. Le neuvième, la restauration était complète.

Du Grindelwald nous rentrons en char à Interlaken, en steam-boat à Thoune où la compagnie des guides nous décerne une ovation qui achève la ruine de nos finances. Enseveli dans son triomphe, Jacob est emporté à quatre en son logis où madame Jacob lui fait une scène abominable.

Aux meilleurs mois j'ai revu ces sites admirables, les lacs, les cascades, Lauterbrunnen, Murren, la Yungfrau, le Faulhorn, Rigi de l'Oberland, le glacier inférieur où Jacob se fractura si bien la jambe... je veux dire si mal... le glacier de Rosenlauï, pur et suave comme son nom... Eh bien ! Mesdames, croyez-moi, rien n'a eu la puissance d'altérer le prestigieux souvenir de cette première course du 22 avril 1844.

§ IV. — GRIMSEL

Votre pensée, Mesdames, s'est-elle jamais arrêtée sur la mère de famille intelligente, active, intrépide, *pélérinant* à travers les Alpes, ses enfants à la main ? Quels enchantements ! Quelles admirations ! Et les vœux escortant la jeune caravane ! Et les regards qui la suivent, invisibles, attendris !

Parbleu ! cela me remet en mémoire certain épisode en portefeuille depuis beau temps.

C'était précisément au Grimsel.

— Voyons, Monsieur ! qu'est-ce d'abord votre Grimsel ?

— Mon Grimsel ? Appuyez sur le bâton, Mesdames ! faites-moi l'honneur de me suivre ! laissons à droite le glacier supérieur de Grindelwald, escaladons le col de la Grande Scheidegg... nous y sommes !... Bon ! halte au pavillon du chamois; à la Yungfrau suprême adieu ? Pourquoi suprême ? non au revoir ?

Rien à signaler du col aux bains de Rosenlauï, gracieuse oasis thermale couchée au pied du glacier qui lui fait une réclame.

Rosenlauï ! Des glaciers alpestres le plus mignon, le plus cristallin... Glacier de senorita, à mettre sous globe comme une pendule, le plus accessible en autre temps.

Hélas ! le capricieux imite les voisins. Il se replie, déménage et met la clé sous la porte. Il lui faut courir après je ne sais où. Visites de plus en plus rares. Pauvre Rosenlauï !

A partir des bains, gorge solitaire jusqu'à l'arête de Schewendi, colline abrupte d'où la vallée de Hasli se déploie en toile de féerie.

La vallée de Hasli est le musée des arts décoratifs. La multitude et l'ampleur des cascades, armée turbulente rangée sous les ordres du Reichenbach, son chef de file, l'opulence des pâturages, l'escarpement des montagnes, l'aspect lointain des neiges, les tons de la végétation, les contrastes de la nature sur une scène assez limitée pour en saisir les détails, assez vaste pour éviter la cohue... tout concourt à faire du Hasli la vallée des rois et la reine des vallées.

C'est là que le Très-Haut a créé l'école du paysage. C'est de là que se détachent au nord les routes de Brienz et du Brunig !

Le Brunig ! mieux qu'une connaissance... un ami peut-être... heureux Brunig !

Au midi, l'infernal sentier rampe jusqu'à l'hospice et au col du Grimsel. Le Grimsel, autant de fois je l'ai fréquenté, autant de fois je l'ai maudit. Je jure de m'en séparer à jamais : serment de touriste ! L'horrible a donc, lui aussi, son magnétisme et ses entraînements !

Je tire au sort l'une de mes quatre ascensions pour vous en imposer le récit... et je tombe sur celle de 1855. Je voyage seul.

— Sans guide ?

— Au contraire ! Et Jacob ? Jacob, le héros de la Wengen-Alp !

La gorge du Grimsel est l'avenue du Tartare. Ce que peut inventer le cauchemar ne saurait atteindre aux sauvageries qui jalonnent les cinq mortelles lieues du Kirchet à l'hospice.

Voisine du bourg de Meyrinzen, la colline de Kirchet barre complètement et coupe en deux la vallée d'Hasli. Le Kirchet, enseignent les tailleurs de pierre géologiques, devait, aux siècles pré-historiques, servir de digue ou de moraine terminale aux glaciers descendus des pics du Grimsel. Je leur en fais mon compliment. Ce devait être monstrueux.

Le sentier, vers lequel me pousse l'impitoyable Jacob, n'est le plus souvent qu'une façon de corniche sculptée au-dessus d'affreux abimes, dominés par des horns nus, comme avant le drame de la pomme Adam et Eve, nos anacréontiques aïeux. L'Aar mugit dans les dessous. Rien ne se meut, rien ne vit, sinon les torrents qui écument et rongent leurs gouffres. Ces rocs inclinés, striés, tarabiscotés, semblables à de vieilles dents tremblantes dans leurs alvéoles, ces aspects violents apparaissent comme la carcasse même du globe qu'ils ont secoué jusque dans leurs derniers fondements.

Et les ponts ? Oui, les ponts ! Parlons-en. Etriqués, chancelants, vertigineux, ayant vécu dans la haine et le mépris du parapet... Voilà les passerelles de Satan, les vraies, les authentiques, les brevetées. Les autres, à commencer par le Gothard, Ruolz et contre-façon. Ponts des Anges, soit : du diable ? jamais, jamais !

Enfin, lectrices, au bout, tout au sommet du col,

champs de neige, continents de glaces, lac des morts, la désolation dans l'abomination ! Voilà ce qu'est dans l'ensemble mon Grimsel ! Etes-vous satisfaites, ô mes sœurs ?

Nous cheminions, moi et Jacob, mornes et silencieux; notre gaîté prenant mal au cœur s'était évanouie. Les histoires restaient en route, les balivernes déraillaient, nous étions nerveux, maussades, exécrables ; pour un mot, pour un regard, pour moins que rien le bourgeois aurait giflé le guide, sans la crainte que le guide ne rendit la gifle au bourgeois.

Au détour d'un sentier, mes oreilles se dressent, excitées par un grondement lointain.

— Jacob? Jacob? Etes-vous sourd? On dirait qu'il tonne !

— Je ne crois pas...

— Une émeute, alors?

— Une émeute au Grimsel... Jamais de la vie...

— Est-ce que je sais, moi ? Une émeute d'ours.

— Pas d'ours au Grimsel... Pourquoi faire ? Y cre-ver de faim?

— Mais... ce vacarme, mauvais guide! Ce ronflement?

— Çà? Monsieur est bien de son pays !

— Jacob! Jacob! Vous sortez de la question... Mon pays? Je ne l'échangerais pas contre le tien... Va-nu-pieds !

— Là ! Là ! Ne vous fâchez pas, mon Dieu ! ne vous fâchez pas, Monsieur Louis!... Ce que j'en dis... Con-naissiez-vous la Handek ?

— Y sommes-nous?

— C'est elle qui vous écorche les oreilles.

— Ah! sac à papier! Courons!

— Du tout, du tout... au contraire... Pas de bêtises! Vous allez me faire le plaisir de ne plus me quitter des yeux et de m'emboîter le pas comme un caniche.

— Caniche toi-même!

Nous tournons à gauche du sentier, par une échelle d'acrobate, que mes souvenirs bibliques me font surnommer l'échelle de Jacob, nous dévalons sur une plateforme rocheuse tapissée de mousse, à l'aide des pieds quelque peu, beaucoup à la force du poignet, jusqu'au fond du précipice que l'Aar, par un bond gymnastique de quatre-vingts mètres, emplit de ses flots retentissants.

Fracas, violence, majesté, poésie... tout y est.

Je vous ai demandé, Mesdames, tant et tant de bienveillance que vous auriez presque mauvaise grâce de me refuser ce paradoxe. Entre la Handek et la chute du Rhin près de Schaffouse, je suis pour la Handek carrément, sans hésitation.

De la niche où je me cramponnais, ému, fiévreux, il me semblait voir une sorte de ligne courbe enjambant, ainsi qu'un arc-en-ciel, les hauteurs de la cataracte. Je montrai l'objet à Jacob :

— Le pont de la Handek!...

— Il y a un pont?

— Si Monsieur veut bien le permettre...

— Sur la Handek?

— Tout uniment...

— Tiens! Tiens! Et, à quoi sert le pont?

— A rien...

— Alors... pourquoi le pont?

— Pour s'aller camper au beau milieu, pour voir de

haut en bas... ce que je viens de montrer à Monsieur de bas en haut.

— Bon! Bon! Le parterre ici... Au-dessus l'avant-scène...

— Ni plus ni moins qu'au théâtre de Berne.

— Où vous êtes allé?

— Où je suis allé pour mes trente sous...

— Où vous avez peut-être entretenu la prima donna... Galopin!

— Monsieur se fiche de moi... Bah! Faut bien rire un brin!

— Jacob! hâtons-nous... On n'est pas pour s'amuser. Le pont! Le pont!

— On va servir le pont... Vous n'avez pas de parapluie?

— Vous voyez bien!

Je ne comprenais pas. Le parapluie me semblait en situation d'où j'étais plutôt que là où je voulais aller, dessous la cascade mieux que dessus.

— Pas de parapluie? — poursuit Jacob. — Ça ne fait rien... Au chalet de la Handek, ils en ont un qu'ils prêtent volontiers aux amateurs.

Trente minutes se passent à nous hisser au sentier puis du sentier, à travers les éboulis et les arbres, jusqu'au chalet, misérable hutte il y a vingt ans, presqu'aussi misérable de nos jours. Là, règnent souverainement en tant que menu l'omelette et le jambon fricassé.

Je fais la carte du déjeûner et requiers le parapluie-omnibus. Il se présente. Machine monumentale, meuble anté-diluvien, coupole de Sainte-Sophie... de taille à ombrager quatre hommes et le caporal. N'étant que deux, nous devions avoir du superflu.

Au sommet de la chute, sur les culées du pont l'utilité du rifflard nous fût victorieusement démontrée. L'eau refoulée, réduite en poudre, violentée, remonte de l'abime sous forme de brouillard et perce jusqu'aux gilet de flanelle. Malgré sa puissance d'envergure et de dilatation, l'outil protège mal. Le plus sage est de regarder vite et de fuir.

L'aspect de la Handek supérieure est prodigieux. Du pont qui surplombe, on voit, on sent le fleuve glisser à deux mètres sous les pieds, puis d'un irrésistible élan plonger dans l'abîme.

Signe particulier. Certain diablotin de petit torrent, — petit par comparaison — accourt jappant comme un roquet, trouve le vide, se précipite et se noie, créant de la sorte une sous-cascade à angle droit nommée l'Aerlembach. La trombe de l'Aar n'en fait qu'une bouchée. Le choc des deux monstres est étourdissant.

Que nos misères ne vous effraient pas, Mesdames ! Si la fantaisie vous prend de monter à la Handek vous y trouverez le progrès. Deux pavillons ornés de banquettes laissent admirer sans périls et sans douches la chute sous son double aspect. Tarif à cinquante centimes. Je crois l'avoir dit, les cascades de l'Oberland sont mises en ferme et en couple réglée. Vous payez à la porte ni plus ni moins que pour tel festival ou tel concours d'animaux gras. Que la foule donne, ou adapte l'indispensable tourniquet.

Attablés au chalet, le dos à la flamme de la cheminée

qu'une vestale égrillarde a mission d'entretenir, nous chargeons sur l'omelette. Je demande un flacon de la côte de Vaud, leur vin blanc fédéral... Ecoutez donc, Mesdames? on avait le souci de se réchauffer. Le récipient débouché, Jacob tend son verre, je le remplis en conscience. Le mien reçoit la même dose... Nous nous pourléchons d'avance.

— A votre santé, Monsieur Louis !

— A la vôtre, mon maitre ! à madame Jacob !... Horreur !... au feu ! au feu ! La pompe ! les pompiers !

— De l'eau, de l'eau ! beugle à son tour le guide, nous brûlons... De l'eau ! nous allons sauter.., nous sautons !

— Et nous ne sommes pas assurés ! La chaine ! formez la chaine !

Une tragédie, Mesdames ! Tragédie dont le Corneille inconscient et distrait n'était autre que le bibliothécaire de l'aubergiste. Le traitre ! Son vin blanc de la côte de Vaud, de l'alcool à soixante-dix degrés ! Erreur d'étiquette qui nous réduisait en cendres !

Ce qui fut absorbé d'eau claire tient du phénomène. Une fois faite la part du feu, nous nous remettons en route. Le soir, à l'hospice, l'incendie fumait encore.

A partir de la Handek, les sapins agonisent et rendent le dernier soupir. La végétation s'arrête. Le granit s'étale ; il moutonne à perte de vue. L'Eldorado de Messieurs les Géologues. Ce qu'ils ont écrit pour ou contre la Hællenplatte (Pierre d'Enfer), encombrerait les rayons d'un bibliophile.

Cette pierre d'enfer, cauchemar des profanes, désespoir du voyageur, est un plateau granitique luisant et poli comme le verglas. Quelles grimaces et quelles glissades! Les ingénieurs ont fait creuser des entailles qui permettent au pied de mordre tant bien que mal. Honneur à la voirie de l'Oberland! elle a bien mérité de la patrie en général et des alpinistes en particulier.

De la Handek à l'hospice, deux lieues, trois heures. Voie douloureuse à travers les ravines et les défilés, en pleines flaques de neige. Il semble qu'un manteau de plomb pèse sur les épaules. Rien ne va plus!

Le cap d'une dernière rocaille est doublé. Là sans transition, moulu, respirant à peine, je me trouve au seuil d'une bâtisse étrange, morne, cadavéreuse... l'hospice du Grimsel.

La nuit se fait. J'envahis la salle à manger. Changement à vue. La lumière après l'obscurité. Dehors thermomètre à zéro. Dedans, poële rouge de colère et de feu. Là bas, solitude, effroi, je ne sais quoi de sinistre. Ici, vingt touristes, table mise, gigot long de quarante centimètres, sans le manche. Tout à l'heure, le silence du trappiste, maintenant, l'éclat de rire. Un piano. Papa Zibach, les roses des Alpes, ses deux filles, Contrastes!

La tribu des Zibach est légendaire en Suisse, hélas!

Il vous faut dire, Mesdames, que l'hospice du Grimsel n'est pas plus hospice que je ne suis ambassadeur de France au Japon. Figurez-vous la plus triste venta dans le site le plus lugubre, entre deux petits lacs parfaitement rébarbatifs; deux mille mètres d'altitude.

Ce ne sont plus, lectrices! vos lacs de l'Oberland si frais, si pimpants, ces lacs d'azur, réfléchissant les silhouettes du parc ombreux, du cottage, du pic à l'horizon, du touriste qui s'arrête et se mire, nouveau Narcisse. Souvenez-vous! Interrogez la douce et blanche fée qui vous nomme sa fille. Ne dirait-on pas qu'une voix, un regard, un éclair s'échappent de ces ondes? On est surpris et joyeux de se trouver au cœur des élans de tendresse, comme si ces lacs avaient une âme.

L'hospice du Grimsel appartient à la vallée d'Hasli en toute propriété, en usufruit au spéculateur offrant le plus haut fermage. Une fois le bail dans sa poche, le fermier a le droit, dont il use et abuse, de nourrir, héberger, écorcher les voyageurs du mois d'avril au mois d'octobre inclusivement; par contre, de novembre à mars, lorsque le poste n'est plus tenable, lorsque le tenancier descend prendre ses quartiers d'hiver à Meyringen, il est tenu de laisser à l'hospice un homme à lui, sentinelle perdue, deux chiens, du bois, du pain, du fromage et du vin pour abriter, protéger, *désaffamer* et dégeler gratis les quelques pauvres diables que la nécessité ou leur mauvaise étoile poussent au col du Grimsel.

De père en fils les Zibach étaient les tenanciers de l'hospice. En 1851, c'était encore un Zibach, celui dont Toppfer a chanté la bonhomie, l'intégrité, les vertus publiques et privées, les culottes courtes et les fabuleux mollets.

Hélas! les mollets seuls étaient dignes de l'apothéose. Voyons plutôt.

Par une soirée de novembre 1851, les gens de Meyringen crurent voir l'horizon teint en rouge dans la direction du Grimsel. Le phénomène était exorbitant. Les gens de Meyringen furent au paroxysme de la stupéfaction.

— Une aurore boréale ! disent les uns.

— Vous êtes des ânes ! réplique un autre, probablement le maître d'école... Boréal, nord ! vient de Borée, fils d'Astreus et de l'Aurore... ici la clarté est australe... d'Auster... midi !

— Si c'était *une* incendie ? ajoutent les gros bonnets, ce doit être *une* incendie !

— *Une* incendie ! au Grimsel !

— Les glaciers auraient pris feu ?

— La combustion instantanée ?

— Tout est possible... *Nihil impossibile !*

Les opinions sont en lutte. La discussion va prendre feu, elle aussi. Que penser ? que résoudre ?

Généralement, en un forum, si l'on ne sait plus que proposer, on propose une délégation. Les gens de Meyringen ne manquent pas aux traditions. Séance tenante, les délégués sont acclamés. Le temps de prendre un bâton et le coup de l'étrier, ils sont en route.

Au village de Guttanen, la délégation voit accourir le gérant de papa Zibach et ses deux chiens, ceux-ci hurlant, celui-là beuglant en tudesque : Sacremente ! l'hosbice il prûle ! — Tableau !

On laisse brûler l'hospice, mais en redescendant à Meyringen la délégation se demande comment, pourquoi l'hospice brûle. De conjectures en conjectures, d'inductions en inductions, elle en vient à conclure et prépare les matériaux d'un rapport duquel il résulte :

1° Que papa Zibach s'est tout récemment fait assurer contre l'incendie pour de grosses sommes.

2° Que depuis vingt-quatre heures à peine, papa Zibach est revenu hiverner en son chalet de Meyringen.

3° Que ses mains criminelles ont pu seules *allumer le flambeau dévastateur et le promener à travers ses foyers !*

4° Que papa Zibach est une franche canaille... qu'il n'y aurait rien d'étonnant qu'il se fût permis d'arracher aux peines de ce monde certains voyageurs trop confiants dans son hospitalité, lesquels auraient disparu sans laisser de nouvelles.

La justice intervint, balance au poing, glaive à la ceinture, toque au front. Le crime d'incendie fut retenu seul, et valut au père Zibach une condamnation à l'emprisonnement perpétuel.

Plus tard, gracié par le conseil fédéral, le coupable est venu mourir à Meyringen, dans la paix du Seigneur et dans les bras de ses filles, les roses des Alpes, deux prodiges de beauté, très bien mariées.

En Suisse plus qu'en autres contrées se pratique la théorie de la personnalité des fautes. Etonnant petit pays ! Le plus sage bon sens, la plus sainte harmonie, la plus grandiose nature... Dieu t'a gâté !

Fin de la légende des Zibach. Je l'eusse désirée moins lamentable ! Et maintenant, Mesdames, ne me demandez rien de plus sur le farouche Grimsel.

Je soupais tant bien que mal, servi par ces admirables créatures, les filles au père Zibach. Jacob, épuisé, s'allait mettre au foin ; je me préparais à gagner ma cellule lorsqu'au dessus de nos têtes retentit le cri d'appel des guides en détresse, ce cri strident, aigu, duquel vous avez pu, Mesdames, apprécier les ritournelles au Montenvers.

— Voyageurs au col ! — détonne à son tour une

basse-taille formidable, celle de papa Zibach qui lui lâche les rênes — Ohé ! les guides ! En avant ! les lanternes, les torches ! En avant ! Au col !

Les guides se réveillent, se frottent les yeux et se lancent. Les touristes se postent aux croisillons, se groupent sur l'escalier, en pantouffes, en pet-en-l'air, drapés dans leur couverture, la tête couronnée de foulards, même, justes Dieux ! de bonnets de coton ! Tous, émus, silencieux, suivant avec anxiété la manœuvre des lanternes et leurs spirales le long des pentes, à la barbe de la bise qui les fait grelotter, attendant le retour de la caravane.

Les feux éparpillés semblent converger vers un même centre. Ils descendent en file indienne. C'était, je vous l'affirme, ô lectrices ! bien pittoresque et très saisissant. On bat des mains.

Un quart d'heure après, sans trop se préoccuper de leur toilette de sauvages, touristes et guides, le père Zibach en tête, accueillent à la porte de l'hospice la plus charmante petite troupe, lui prodiguent des soins empressés et lui décernent une chaleureuse ovation.

Trois personnes. Une dame jeune encore, d'une distinction suprême, Française... une fillette de douze ans, un bambin de dix..., ses enfants. Veuve, évidemment du meilleur monde, la dame présidait à leur éducation. Les vacances ouvertes, elle promenait ses élèves par les cols et les vallées des Alpes, à pied, oui, invariablement à pied. Un domestique pour les menus détails d'hôtel, un mulet pour les sacs, un guide complétaient l'équipage. Plaisir à voir ce qu'il y avait là de santé, de force, de grâce et d'intelligence. Ah! le délicieux trio!

Et le costume?... Ample, primitif, simple, avec cela confortable, et les blouses de laine des touristicules et leurs cheveux bouclés à la diable!... Et les souliers?... Oui, les souliers tant de la mère que de ses élèves! cothurnes en cuir de Russie, imperméables, inexpugnables... et... des clous!... Quelle clouterie!

Les exhumés avaient réintégré leurs couchettes. Un seul Français debout, moi. La mignonne caravane s'était prise à souper sur le solde du gigot de tout à l'heure. Je n'avais plus l'envie de dormir; la conversation s'engage d'elle-même.

— Et madame vient?

— D'Andermatt... au pied du Saint-Gothard... La course est longue, Monsieur!...

— Trop longue peut-être pour de petites jambes trop courtes...

— Bast! Elles se reposeront demain... De la Furka descendus au glacier du Rhône, mes mignons se sont attardés à la cueillette des fleurs en gravissant la Meïennwand désolante d'escarpement. Il leur a fallu quelques minutes de repos au col. La nuit nous a surpris au voisinage du lac des Morts, et franchement, Monsieur, sans avoir peur... vous n'avez pas été effrayés, mes chéris?

— Non, non, petite mère! Oh! non!

— Très franchement, les lumières de l'hospice, phare brillant sous nos pieds, ont été les bienvenues. Nous touchions au port.

— Ah! Madame, que de courage ! Quelle mission est la vôtre ?

— Cette mission m'est facile, elle m'est douce.... Nous cherchons dans nos aventures alpestres, et nous trouvons le développement des forces, l'épanouissement de l'âme... Voyez l'Anglais, l'Allemand, ces longues files de gymnases et de pensionnats qui, sur les traces de Toppfer, le grand initiateur, bravent le soleil, la pluie, les gites détestables, toujours alertes, gais, sémillants ?

— Ah ! que vous avez raison, Madame, que d'efforts à nous, Français, pour dompter nos préjugés, pour mettre sous le boisseau les fantômes de la peur, les entorses, les fluxions de poitrines , les courants d'air ? Nous sommes douillets. Où trouver aussi bien que dans les Alpes, la vigueur physique, la belle et bonne santé de l'esprit ?

— Et les envolées de la pensée dont vous ne parlez pas, Monsieur, les élancements à l'Eternel ! Je défie l'athéisme de ne pas tomber à deux genoux sur l'un de ces degrés sublimes entre Dieu et ses créatures. Des abîmes aux sommets, le Tout-Puissant révèle ici sa présence... Laissez-moi paraphraser le psalmiste, et chanter après lui : *Montes enarrant gloriam Dei !*

— Du latin, Madame ?

— Il le faut bien... pour commencer mon Paul... Allons, mes enfants, vous avez besoin de repos... Demain vous savez, promenade aux glaciers de l'Aar.

— Madame n'a qu'un seul guide ? fait Zibach levant le couvert.

— Assurément!

— Si j'ai conseil à donner à Madame, ce serait de prendre un guide de renfort. Le numéro deux ne se croisera pas les bras.

Il avait raison le vieux sacripant. J'ai fait, en 1872, ma première visite officielle aux glaciers de l'Aar, flanqué de deux guides qui ne se sont rien croisés, ni bras ni jambes. Quand j'y songe ! Les glaciers de l'Aar n'ont point le caractère essentiellement mauvais, loin de là... Surface relativement plane, peu de crevasses. Le diable, c'est d'y arriver. Une heure au bas mot, pour escalader ce gigantesque rempart de roches effritées et incohérentes formant sa moraine terminale.

Me voyant en haut, je crus être sur le glacier... J'y étais, sans y être. Entendons-nous, Mesdames, je le foulais aux pieds ne m'en doutant guère. Le misérable se dérobait à la vue, caché sous sa cuirasse de pierres. J'étais au désespoir, voulant rétrograder. Les guides protestèrent, jurèrent par leurs trois saints du Grutli que, bon gré malgré, j'irais jusqu'au bout; que, venu pour voir, je ne pouvais sans forfaire à l'honneur tourner le dos à leurs glaces, sans aborder rien de plus que leurs atroces moraines, qu'ils m'emporteraient plutôt l'un par les épaules, l'autre par les mollets. Je cédai.

Encore une heure de marche avant de sentir percer sous le dallage quelques glaçons clair-semés. Ils deviennent plus visibles, progressent et finissent par une invasion triomphante me laissant en présence de trois courants dont la réunion forme les immenses et somptueux champs de glace sans lesquels l'Aar n'existerait pas, ni la Handek, ni les lacs, ni Berne, ni même le chapitre deux des œuvres complètes de votre loquace conteur.

Si les glaciers de l'Aar doivent la noblesse à leur généalogie, ils la doivent tout autant aux expériences des Agassiz, Desor, Dolfus et autres *Aaristes* du milieu de ce siècle. Les hardis explorateurs s'étaient fièrement installés au milieu franc du confluent glaciaire, à l'abri d'un rocher célèbre dans le monde alpiniste sous son enseigne : *Hôtel des Neuchâtelois*. Ils étudièrent les glaciers sous toutes les formes, leurs secrets, leurs colorations, leur faune et leur flore, surtout leur marche.

Désirez-vous savoir, Mesdames, de combien par jour s'avance un glacier ?

Prenez un glacier, le premier venu. Plantez une ligne transversale de pieux d'une rive à l'autre, puis, allez-vous en.

Revenez dans un mois. Les pieux de terre ferme n'auront pas dévié, naturellement... Ceux, au contraire, fichés dans la glace ne se seront pas tenus tranquilles. Ils auront fait en aval leur petit tour de promenade qu'il vous sera facile de mesurer à un centimètre près.

— Merci, Monsieur le Conteur ; mais... mais, votre épisode ?.. L'épisode que vous aviez en portefeuille ?.. hein !...

— Hein ! Quoi ? Mesdames ? Mon épisode, vous l'avez. Trouvez chose plus touchante et plus gracieuse que ces deux enfants entrant dans la vie militante par les âpres sentiers des Alpes, sous l'aile de petite mère, sous le regard de Dieu ?

Au moment de prendre congé de la vaillante touriste

je fais appel au courage des grands jours, et m'inclinant
avec respect :

— Madame ! Une grâce ! Daignez permettre au compatriote, au frère en alpinisme, d'embrasser les deux
beaux enfants que voici : Je suis indiscret ?

— Non, Monsieur ! Marguerite ? Paul ?

Deux gros baisers au front... quatre sourires s'envolent... Drôle de gamin, monsieur Paul ! Un peu plus
nous allions nous tutoyer.

Je dormis mal. L'ombre de la jeune dame ? Erreur,
lectrices ! Erreur ! autre obstacle au sommeil.

Les murailles de l'hospice sont de granit, épaisses à
défier les avalanches, qui, malgré tout, une fois ou deux
par année, se mêlent d'enfoncer les portes et de dé-
mater les cheminées. Tel est l'usage.

Mais, à l'intérieur, bouleau, mélèze, sapin, hêtre
pour cloisons, salles, cuisines et cellules ; si bien qu'au
moindre soubresaut, au ronflement le plus anodin, la
maison résonne comme un tambourin de la cave au
grenier. Circonstance aggravante : nous étions une
vingtaine à *goûter les douceurs du sommeil*. Comptez,
Mesdames, les traits de contre-basse et les points
d'orgue !

Le lendemain, à l'aube, nous partons en silence moi
et Jacob. L'hospice dort, moins papa Zibach en train de
brûler sa première pipe.

— Au revoir, vieux ! quand la dame française sera
visible... la dame aux deux bambins, remettez-lui cette
carte !

— Tenez ! Monsieur m'y fait songer... en voici une
pour vous...

— Pour moi ?

— Voyez ! un peu plus je l'oubliais au fond de ma blague à tabac...

— Merci ! au revoir, papa Zibach ! Embrassez vos deux roses !...

— C'est bon ! c'est bon !

— Adieu !

La carte portait ceci :

MADAME N...

MARGUERITE, PAUL, SES DEUX ENFANTS.

Paris.

Je ne les ai jamais revus. C'est égal, ils étaient superbes, avec leur entrain, leur belle humeur, leur babil et leurs bottines d'Auvergnats.

Que Dieu les protège tous, petite mère, assurément passée mère-grand... alpinistes en miniature de 1855, enfants et bébés d'iceux !

CHAPITRE III

VALAIS

---

§ I. — GLACIER DU RHONE

Au seuil de l'hospice, le granit reprend ses droits...
Une heure de zigzags pour atteindre le péristyle du col
(2.175 mètres) .La neige y est plus dense, taillée sur un
plus grand patron. Voilà ce qu'on y gagne. Perfides et
tartufes ces sillons de neige. Vers 1872, juché par ex-
traordinaire sur un cheval de rencontre, je suivais l'un
d'eux, sans songer à mal, la bête non plus. Patatras!
je la sens fondre sous moi, engloutie jusqu'au poitrail.
Le temps à peine de recommander mon âme à Dieu. Je
suis à pied, les jambes en compas, l'animal dans les
sous-sols. Je n'eus garde de rengager dans la cavalerie,
le coursier qui en avait assez reprend allègrement le
chemin de l'hospice; je poursuis ma carrière en simple
tourlourou.

La prudence exige que les passages des Alpes soient
jalonnés de hautes perches servant de points de repère
si les neiges ont effacé les traces du sentier. Vous le
comprenez, Mesdames, plus qu'un autre le Grimsel a

droit aux perches. Elles tiennent compagnie et sont une sauvegarde.

Ce Grimsel ! quel chaos ! un monde de pics entassés l'un sur l'autre, ruines à dérouter l'imagination en délire. Rarement sommets des Alpes portent stigmates plus frappants de nos révolutions géologiques. Le cataclysme garde ici ses traits originaux, tandis qu'ailleurs on les trouve défigurés ou par la main de l'homme ou par de plus récentes convulsions.

Au fond d'un entonnoir grelotte certaine pièce d'eau ayant un quart de lieue de circonférence, plus noire, plus livide encore par le contraste des névés encadrant ses bords escarpés.

J'ai le frisson. Immobiles, arc-boutés sur nos bâtons ferrés nous ressemblons à deux perches supplémentaires. Le cœur s'en va ; je me sens m'en aller comme le cœur.

— Jacob ?

— Monsieur ?

— La gourde au kirsch ! Vite ! Vite !

— Voilà !... Monsieur a la figure toute pâlotte.

— Butor ! Si vous me croyez à l'aise en votre gueux de pays. Qu'est-ce ce chaudron sinistre ?

— Le Todten-Sée, Pardieu ! Le lac des morts...

— Vas, brigand ! tu ne voles ni ton nom ni sa traduction française... Pouah ! Lac des morts !

— Et quand Monsieur saura que le Todten-Sée n'est pas une tombe, mais un cimetière !

— Un cimetière ! Jacob, contez-moi cela ?

— Aux environs de 1799, le col, tel que vous le voyez, fut le théâtre de combats de géants entre les Autrichiens descendus de la Furka et vous autres, Fran

çais, montés par la Handek... Comme si ce n'était pas
assez pour abîmer le pauvre monde des glaces et des
avalanches ! Voilà donc qu'un beau jour les coups de
fusil s'en mêlent... s'il y a du sens commun ! brûler la
chandelle par les deux bouts !

— Le flambeau de la vie humaine... Jacob !

— Le flambeau de la vie humaine, si ça vous va
mieux !... Ne sachant comment se dépêtrer des cadavres,
attendu qu'il n'y a pas au Grimsel — voyez plutôt —
large comme la main de terre végétale pour ensevelir
un chrétien, on ne fait ni une ni deux, et, sans aller par
quatre chemins, tous, pêle-mêle, Autrichiens, Français,
on les f... au fond du lac, d'où son nom, Todten-See.

— Et pas de croix ?

— De croix !... ah bien oui ! le cadet de leurs soucis...
avec cela que les survivants, les fossoyeurs, avaient
assez de se sauver comme si le diable les emportaient,
crainte d'aller rejoindre les camarades qui dorment ici
même, à des mille et des cents pieds dans l'eau.

— Dieu a pris leur âme, Jacob ! Ils reposent dans la
paix de l'éternité. Imitons les autres, les camarades...
sauvons-nous !

Je tourne le dos au lac funèbre, j'escalade les dernières roches, arêtes du col. Là, se révèle un univers inédit.

Les plus hauts pics de l'Oberland, du Saint-Gothard,
les masses du Mont-Rose. A droite, la gorge qui descend au Valais, perdue à travers les bois. A gauche le
sentier de la Furka tordant ses anneaux comme un
serpent de trois lieues. Sur la tête, le soleil fouettant
de ses rayons les brumes du Grimsel. Sous les pieds, à
des profondeurs invisibles, une colonnade d'aiguilles

prismatiques, un congrès de séracs, le glacier du Rhône !

Le glacier est hors concours. Sa supériorité défie la concurrence. L'un des plus étendus de la chaîne des Alpes, de tous aujourd'hui celui qui se laisse le plus aisément aborder, qui met la meilleure grâce à livrer ses secrets, d'en haut, d'en bas, des flancs, de partout.

Le plus fréquemment, nos champs de glace, ceux de Grindelwald les premiers, se terminent en queue de poissons... comme les sirènes... Disgracieux! disgracieux! Le glacier du Rhône, lui, recourt à d'autres procédés. Ses extrémités se déploient en éventail. Imposant de calme, de puissance et de majesté !

Et dire, Mesdames, que la route de la Furka, route de poste, s'il vous plait, frôle le glacier à le coudoyer! Je m'en souviens, vers 1873, à chaque lacet de la chaussée, du fond de notre calèche découverte nous entrions, mon fils et moi, dans des peurs bleues, jappant comme des dogues aux abois :

— Ah! mais, cocher! attention! vous nous allez verser dans le glacier! Prenez garde !

— Pas peur, Messieurs... ça me connait !

Et l'automédon cinglait à tour de bras la croupe de ses trois chevaux qui protestaient en se cabrant.

Jacob tout guilleret, très vaniteux de me faire passer la revue de ses Horns, de ses gorges et de ses glaciers, exaltant celui-ci, critiquant celui-là, pérorant, gesticulant, en verve.

— Assez, bavard! Nous ne pouvons prendre racine au Grimsel... Pas de terre végétale, venez-vous de me dire? Je vous prends au mot. Descendons au glacier.

— Quand Monsieur voudra.

— De suite. Précisément, je tiens au bout de ma
jumelle certain petit cabanon.

— Le chalet du glacier !... On y déjeûne très agréa-
blement.

— Bravo ! J'ai faim comme pas un.

— Jacob a faim comme deux.

— Je commanderai pour trois. Là ! Etes-vous content, mauvais guide ? En route !

— La route ? Elle tire les yeux à Monsieur, fait
Jacob, qui, du doigt, montre je ne sais quelle muraille
à pic, plongeant sous les pieds à cinq cents mètres au-
dessus du glacier, et l'amorce d'un sentier large à peine,
ô lectrices, comme deux de vos mains gantées.

— Çà... la route ?

— Çà... la route !

— Charlatan !

— Il n'y a pas de charlatan !

— Et vous me croyez assez nigaud pour piquer une
tête ?

— C'est à prendre ou à laisser... Nous sommes à
la Meïennwand, la paroi des fleurs.

— Je vois bien la paroi, mais les fleurs ? le plus
vulgaire coquelicot ? De la mousse, oui, mais la mousse
n'est bonne qu'à faire glisser.

— Une fois, deux fois, Monsieur ?

— Que diantre ! Je ne suis pas couvreur... Si vous
aviez une corde à nœuds, on verrait... La corde à
nœuds ?

— Je n'en tiens pas... Voyons, Monsieur ! Du courage et du sang-froid !

— S... Jacob ! Il fait de son bourgeois ce qu'il veut.

Allons ! J'y laisserai ma peau. Les desseins de Dieu sont impénétrables.

Le fait est que, malgré son excessive inclinaison, la Meïennwand ne me fut pas trop grincheuse. Aux endroits les plus délicats, le guide me tendait la main, si bien qu'en une heure nous entrions au chalet... à jeûn.

Le jeûne fut triomphalement enterré, puis nous allâmes prendre le café dans le glacier même... ce que Jacob en pointe de joyeusetés appelait du café à la glace.

L'abord est plein d'accueil. Il permet d'étudier les rivages, de mesurer les obélisques, de se glisser sous la voûte ou le fleuve fait entendre ses premiers vagissements.

Je saisis un glaçon des deux mains et le jetant dans la source : Toi, mon gaillard, bon gré mal gré, fondu ou non, tu passeras par l'arche marinière du pont Morand... Tu t'en iras faire les doux yeux à la Saône, ma voisine, *tout contre* les saulées de la Mulatière.

Oh ! collègues lyonnaises ! Le Rhône, notre Rhône ! Quelle destinée ! Mais aussi quel berceau ! L'un des glaciers-rois par la grâce de Dieu !

Trente ans depuis mon voyage d'avant-garde. Les années s'envolent. Le glacier du Rhône est en retraite lui aussi. Le chalet a liquidé. Sur ses ruines trône un caravensérail galonné sur toutes les coutures. Le gaz y darde ses éclairs. A tous les étages des escouades de soubrettes endimanchées. On y sert des bains complets ! Postes et télégraphes.

O mon pauvre chalet de 1855 !

§ II. — EGGISCHORN.

Quelques notions de géographie.

Le Valais débute ou finit au Léman. L'un ou l'autre se peut dire.

Après un parcours de cent cinquante kilomètres (est-sud-est), il va se fendre la tête contre le glacier du Rhône au Saint-Gothard. — Une impasse. — Des murailles titanesques l'enserrent. A droite (sud), le Saint-Bernard, le Mont-Rose, le Simplon. A gauche (nord), la Gemmi, le groupe de l'Oberland, le Grimsel. Au centre un fil d'argent, le Rhône qui tantôt sommeille, tantôt fait les cent coups.

A mes yeux, le Valais n'a pas de prix. Le Valais *fait,* je boucle mon sac, et par le premier train je file à tire d'aile sur Lyon.

Nature sévère, farouche, primitive, plus grande que nature.

A six heures de marche en aval de la source du Rhône, au débouché de la gorge, se rencontre certain village, Viesch qui doit son nom à des glaciers voisins. Là est le point de départ pour l'Eggischorn.

L'Eggischorn est un belvédère de trois mille mètres, édifié tout exprès pour admirer les arrières plans de la Yungfrau et des autres grandes dames de l'Oberland. Il sert de correspondant à la Wengen-Alp, le glacier d'Aletsch en plus.

Le glacier d'Aletsch garde la primauté sur tous pour la taille. On lui accorde sept lieues. Je ne l'ai pas mesuré.

Autre privilège. Le regard embrasse son cours entier, de la tête qui touche à la Yungfrau, aux talons qui s'allongent du côté de Brigg, à deux pas de la route napoléonienne du Simplon.

Autrefois l'ascension de l'Eggischorn passait pour une rareté. De nos jours on y monte ni plus ni moins qu'au Brévent. Le pic s'est civilisé, au point d'admettre en son arrondissement un hôtel (hôtel de la Yungfrau), où l'on ne dine pas plus mal qu'ailleurs. Le tout est d'y mettre le prix.

Or, Mesdames, vers la première quinzaine de septembre 1855, je descendais du Grimsel, sous l'égide de mon Jacob. Son démon familier voulut qu'au chalet du glacier du Rhône, une caravane anglaise lui offrît de l'embaucher pour une assez longue tournée. Tiraillé entre l'intérêt et la crainte de me désobliger, Jacob avait des scrupules. De mon côté la fumée d'un puros havanais, ses spirales capricieuses absorbaient l'intelligence du patron nonchalamment assis au seuil du chalet.

Je vois arriver mon homme, sa casquette dans la main gauche, de la droite se frisant la moustache... Vous l'avez vu mainte fois, Mesdames, signe de dépression.

— Qu'avez-vous, mon maître?

— Rien, Monsieur!

— Si, si ! Je devine.

— C'est selon... La famille anglaise que vous apercevez là dedans, en train de démolir ce jambon, est une famille de touristes...

— Pour ce que cela me fait !

— Or donc, ils voudraient, si Monsieur y consent, m'engager pour au moins quinze jours...

— Diable !

— Tout l'Oberland à dévisager...

— Hum !

— Je leur ai dit : Peux pas ! Je suis pris !... Et pourtant... Si Monsieur voulait !

— Vous me lâcheriez, Jacob ?

— Moi ? Nom de nom ! Jamais. Remarquez bien une chose... Après l'Eggischorn, vous n'aurez plus besoin de moi... Fini !

— C'est vrai. Je rentre au pays, les fillettes de l'endroit m'attendent pour se marier...

— Vous voyez bien... Pour lors, j'ai pensé, j'ai cru que si je vous avais un guide pour l'Eggischorn, si vous l'acceptiez, cela reviendrait au même.

— Oh ! non !..

— Et qu'il y aurait en pilotant les Anglais une pièce de cent vingt à cent cinquante francs à se fourrer au fond de la bourse, ce qui ne ferait pas de la peine à Jacob.

— Ni à Madame Jacob.

— Ni aux petits Jacob !

— Cristi ! vous êtes un honnête garçon, vous. Combien de vos confrères m'auraient planté là, sans souffler mot.

— Oh ! Monsieur... Pour lors, vous ne m'en voulez pas ?

— Au contraire... Je vous en veux d'avoir douté... Engagez-vous, mon vieux Jacob, engagez-vous.

— Merci, Monsieur, merci !

— Et le guide... Votre adjoint ?

— Bertha ! Bertha d'Obergestelein..., trois lieues d'ici. Je vais vous gribouiller une lettre.., toujours en descendant... Une fameuse lettre, allez ! Monsieur ne sera pas assez *bête* pour s'égarer.

— A mon tour, merci ! Et ce Bertha ?

— Un ami... Je ne vous en dis pas davantage... Son père conduit le Cheval blanc...

— Le père Bertha, charretier ? Le cheval blanc !

— Eh non ! eh non !

— *Gasthaus Rossli !* L'auberge du cheval...

— Blanc... Bien, bien, j'y suis... Tirez-moi votre lettre de change sur la maison Bertha.

— Monsieur L.., Monsieur L..., que vous êtes bon !...

— Et vous, mon maître ? Vous devriez venir un jour dans mon pays... Je vous guiderais au Mont-Cindre, notre Righi lyonnais... 467 mètres.

— Tant que cela ?

— Au-dessus du niveau de la mer !

— Manquerait plus que ce fut au dessous !

Une heure après, Jacob préalablement embrassé, je descendais seul, un peu triste, la gorge sinueuse du Valais, tandis que lui, Jacob, mettant le cap sur Grimsel, façonnait ses Anglais à grimper comme des chats le long de la fantastique paroi des fleurs, la Meïennwand, avons-nous dit.

Du glacier du Rhône à Weich, le piéton égrène un long rosaire de villages, Oberwald, Ulrichen, Oberges- telein, Munster, Niederval... J'en passe... et des plus laids.

Les maisons noires, enfumées. Elles doivent cette nuance funèbre aux arbres résineux formant l'élément essentiel de leur construction. En alternant, le soleil et les brouillards font suinter la résine, et voici les chalets passés au cirage.

Obergestelein (Haut-Châtillon), chef-lieu du Valais supérieur, jouissait notamment du monopole d'être voué au noir. L'incendie de 1868 l'en a dépossédé. Tout flambé, moins trois maisons, le bourg s'est relevé, bardé de pierres de taille, parfait d'alignement. En 1873 je n'ai plus reconnu mon Obergestelein, on me l'a changé.

— Voyons, cher Conteur — faut-il intimer à Plumette l'ordre de raturer ? — voyons, un peu d'ordre dans vos idées !.. Sommes-nous en 1855, en 1868, en 1873 ? Avec vous, bonté du ciel ! on ne sait jamais sur quel calen- drier on marche.

— Ne grondez pas, lectrices aimables, mais irascibles ! Tenez-vous à ce que Plumette biffe irascibles ?.. Biffons.. Le reste, non. Ne grondez pas. Grâce pour la folle du logis ! Je suis toujours en 1855, j'y rentre par un long détour.

Paraît le Cheval blanc pendu à sa tringle de fer et se dandinant au gré de la bise. Un grand et solide gaillard fume magistralement sa pipe au seuil du Gast-haus. Non moins solide et tout aussi grand, sommeillant au pied du fumeur, un chien, race du Saint-Bernard, se réveille, commence à grogner et finit par aboyer, comme si tout Obergestelein était en feu.

— Monsieur Bertha, père, s'il vous plait ?

— Moi, Monsieur... Ici Fritz !... Ne craignez rien... Te tairas-tu gueulard ?... Qu'y a-t-il pour le service de Monsieur ?

— Enchanté de vous trouver, père Bertha !

— Couvrez-vous donc... Monsieur... chose ?

— Connaissez-vous Jacob ?

— Jacob, de Thoune ? Je ne connais que ça...

— Une lettre de lui...

Bertha père décachète le pli, le parcourt, sourit et me tend la main. Fritz qui ne *gueule* plus, m'expédie d'amitié dans les mollets un coup de queue formidable, digne de ses nobles aïeux... Bon chien !

— Vous voyez, père Bertha, le sujet qui m'amène ? l'Eggischorn ?

— Oui... l'Eggischorn... Jacob a pensé à nous... Et il va bien Jacob ?

— Je le crois au Grimsel pour le moins, à l'heure qu'il est... Et votre fils, pourra-t-il faire honneur à la signature de son correspondant ?

— Comment donc ? Trop heureux ! Un mot... êtes-vous pressé ?

— Dame ! il se fait tard... si je pouvais coucher ce soir à Viesch !

— Attendez !... une minute, s'il vous plait ? Bertha ! ohé ! Bertha !

— Papa ?

— Où en es-tu de ton contrat, de ton contrat de mariage ?

— Bientôt signé, papa ?

— Votre fils se marie ? Diantre ! je le dérange...

— Nullement... Il est en train de marier deux pratiques...

— Deux pratiques ?

— Mon garçon est notaire !

— Notaire ! Eh bien ! Voilà qui est drôle !

— Que mon fils soit notaire ?

— Non, père Bertha ! non... mais que nous soyons
deux ici... deux notaires... lui et moi...

— Bah ! vous notaire ?

— Notaire en France !

— Ah ! Bigre de bigre ! comme vous dites, **voilà**
qui est drôle !

La glace était brisée. Bertha I me pousse dans la
salle à manger, va dénicher derrière les fagots un flacon
d'yvorne, le moët du Valais, rallume sa pipe et me
récite l'épopée du notariat de son garçon... comme quoi
son admission par le Grand Conseil est de date récente,
comme quoi encore la plume du tabellionage valaisan
n'étant pas trempée dans les eaux du Pactole, il y a
lieu de cumuler, et, lorsque l'étude chôme, d'arracher au
bâton du guide des honoraires accessoires.

Le confrère sort de son cabinet, Bertha II. Beau jeune
homme de vingt-cinq ans, rouge comme une pivoine,
fort comme Mahomet, non sans élégance sous sa blouse
de toile écrue d'une exquise propreté. Tenue de notaire
rural.

Après les compliments préliminaires et les salamalecs
de circonstance, Bertha II se livre à moi. Il m'explique
la course du lendemain, ferme l'étude à double tour,

décroche son alpenstock. Nous serrons la main du père Bertha, nous partons, nous sommes partis.

A cent pas du Cheval blanc, je me sens dans les jambes quelque chose d'anormal... c'est Fritz...

— Tiens, tiens ! confrère !... le chien en est ?

— Toujours, confrère... **papa le veut.** Bon chien !... d'un toupet à vous aller chercher au fond d'une crevasse...

— Bravo Fritz ! Bon chien ! Bon chien !

Coup de queue démontrant que j'ai fait vibrer la corde sensible. Attrape ! un ami de plus.

A nuit tombante, Viesch. Installation sommaire à l'auberge du Glacier proprette et avenante. Préparatifs de vivres et de liquides en vue de la course de demain longue et difficile.

— A quelle heure, Bertha ?

— Quatre... sans vous commander...

— Bonne nuit, collègue !

— Confrère, bon sommeil !

Voyez, Mesdames, en quelles cordialités nous étions tombés après trois heures de causeries entre Obergestelein et Viesch.

A l'heure prescrite nous défilons tous les trois, moi, Bertha, le chien. Adolphe Joanne enseigne que l'Eggischorn n'exige pas plus de quatre à cinq heures d'escalade. Ne croyons pas Adolphe Joanne ni même son aimable fils Paul, de la direction centrale. Je mis six heures et, certes, je ne perdis pas mon temps à lorgner les jeunes filles de l'endroit.

D'abord, l'endroit ne brillait pas en jolies filles, et de plus le brouillard voilait tout.

— Fichu temps, maître Bertha ! Nous ne verrons rien.

— Si fait... Nous ne sommes pas à l'arête...

— Quelle arête ?

— L'arête de Betten, au pied du pic.

— Soit... Mettons notre espoir en Dieu... et dans l'arête.

Voici, Mesdames, le tracé linéaire de la route... Sans courbes de niveau. Ils appellent cela une route ! Je respecte vos illusions, ô dignes Valaisans !

Eglise de Viesch, torrent, forêts panachées de toutes essences, pâturages, gazons, violettes, gentianes, rampes de neiges, lichens, arête... l'arête de Betten, notre ancre de salut.

Ah ! par ma foi ! Ce fut une révélation. Obéissant comme toujours aux incantations de magiciens invisibles les brouillards s'envolent dans toutes les directions. Au ciel, limpidité parfaite. Dans l'admirable panorama dont je suis le centre, ce que je vais esquisser.

L'arête n'est pas encore le sommet, non. L'Eggischorn est un pain de sucre formé de roches concassées et croulantes qu'il me faut gravir à quatre pattes... Fritz me donnant l'exemple et me montrant la voie. A la pointe du cône (2.941 mètres) une croix de bois très en peine pour se tenir debout.

Ce que vous pensez, lectrices ! je le devine. Je fais de l'enthousiasme sur commande et sur mesure... Si l'on peut dire ! Voulez-vous bien vous taire ? Ne connaissez-vous point pour les avoir goûtées, la poésie et l'ivresse de la montagne ?

Ici, le glacier d'Aletsch captive le regard. Il s'en rend le maître absolu. On le surplombe de cinq cents mètres. Vous diriez (prenez garde ! je vais singer votre journal de modes !) vous diriez, la traîne sans fin de l'éblouissante écharpe nouée aux épaules de la Yungfrau.

Le fleuve glacé dont le cours a six longues lieues, s'en vient buter droit contre la base de l'Eggischorn, qui, entêté comme un mulet, se cabre et le somme de tourner à droite ou à gauche, à volonté. Réflexions faites, le glacier vire à droite et descend du côté de Brigg. Mais, vu qu'il a les instincts d'un artiste et qu'il aime la variété dans le décor, il détache sur sa gauche un lac, le lac de *Mërjelen* qu'au scandale et au désespoir de Bertha, je m'obstine à nommer le lac de *Marjolaine*.

Presqu'unique dans les Alpes, ce lac est absolument creusé dans la mer de glace. Ses bords tranchés à pic se détachent avec fracas, formant des icebergs assez réussis pour donner une idée vague de l'océan glacial et du pôle nord. J'ai vu son imitateur, mais non son égal à beaucoup près, au glacier de Séguret-Foran en pleines Alpes dauphinoises. Le lac de l'Eychauda.

Oh ! Seigneur Dieu ! Que d'étranges beautés ! Que vous êtes bon, Seigneur Dieu ! de m'avoir accordé la santé, la vigueur et les quelques pièces d'or à l'appui, pour vous adorer dans l'une de vos œuvres les plus éclatantes.

La Yungfrau n'a pas sur son revers méridional le port svelte, l'élancement qu'elle fait admirer d'Interlaken. Comme taille elle a deux rivaux l'Aletschorn (4.207 mètres), le Fensteraarhon (4.275 mètres). Ses pentes, moins audacieuses, plus ondulées. On comprend que la

vierge ne soit pas inviolable. Pas moins, le frisson
saisit à l'aspect de ce monstrueux poupard de glacier à
remonter jusqu'aux inépuisables névés qui l'allaitent
et lui donnent le sein.

Le belvédère de l'Eggischorn a d'autres perspectives.
Bertha me fait tourner le dos au glacier.

— Orienté comme vous l'êtes, que voyez-vous, cher
maître ?

— Je vois un pays assez laid.

— Vous sortez de la question.

— Tiens ! précisément ce que je disais à Jacob, pas
plus tard qu'avant-hier.

— Voyons, collègue ! à vos pieds ?

— La moitié du Valais, cher confrère !...

— Très bien... Après ?

— Une fière barricade entre la Suisse et l'Italie... Si
quelqu'un l'emporte, ce ne sera pas moi.

— Ni moi... Parfait ! me trouveriez-vous le Simplon ?

— Pardieu ! Là, droit vis-à-vis, de l'autre côté de la
rue... Je compterais les diligences qui montent au pas,
celles qui descendent au trot. Plus haut, le col, l'hospice.

— De mieux en mieux... Après ?

— Après, dame ! Le Mont-Rose, la pyramide du
Cervin, le Weisshorn, le Combin, le Vélan...

— Assez, assez ! collègue ! diantre ! savez-vous ? Ce
n'est pas flatterie..., mais vous êtes d'une certaine force.

— Apparemment !... Ecoutez donc, confrère ! premier
accessit de géographie !

— Vous m'en direz tant. — Bertha salue. — Encore
une question... la dernière. Là-bas... tout à la limite
de l'horizon ?

— Ce paquet de nuages roses et blancs?...

— Vous ne le reconnaissez pas?

— Non...

— Cherchez bien?

— Le Mont-Blanc?

— Allons donc! Vous y êtes.

— Mâtin! En voilà une, maître Bertha, que vous ne me ferez pas avaler.

— Une quoi?

— Une blague...

— Une blague? Entre notaires? Jamais!...

— Les égards professionnels... Demandez au premier passant?

— Patience! confrère, patience! Sitôt que je retrouve Eugène Cupelin...

— Cupe..?

— Cupelin, mon guide de Chamonix, un vieux de la montagne... je saurai de lui si le Mont-Blanc se trouve en relation avec la Croix de l'Eggischorn.

— Prenez vos références, confrère! Si nous déjeûnions!

— C'est ma foi l'heure... Déjeûnons!

Assis sur son derrière, Fritz semblait se dire avec une douce résignation : Ah çà, mais... déjeûneront-ils ou ne déjeûneront-ils pas?

Devant une telle unanimité, les provisions sont étalées sans art ni symétrie, ainsi qu'il convient à un ménage de garçons. Déjà le couteau du collègue allait en guerre contre une volaille, lorsque le chien se livre à d'énergiques hurlements. Le poil se hérisse, la queue est frémissante. Quelque drame en répétition.

Le drame est tout simplement à deux personnages.

Deux touristes, une dame, un monsieur. Leur silhouette se détache sur l'arête Betten. Monsieur est bien, figure ouverte, épanouie, Madame mieux encore, jeune, grassouillette, cheveux blonds, et des dents... des dents qui se mettent à la fenêtre au moindre sourire des lèvres. Madame sourit beaucoup.

Un guide accompagne le couple. En galant notaire, Bertha descend quelque peu dans le but de soutenir la jeune femme qui chancelle et me confie la garde des vivres, tant est limitée sa croyance dans la loyauté du chien qui, d'ailleurs, aboie de plus en plus fort. Je prends la parole :

— Madame est fatiguée ? Monsieur aussi ?

— On le serait à moins... Nous avons dû quitter nos chevaux à deux heures d'ici.

— Et... pour mon mari... pour moi qui n'avons pas l'habitude de la montagne...

— Je comprends... c'est un peu... raide... Madame et Monsieur sont Français ?

— A moitié... Belges tout au plus...

— Comment donc ! De Belge à Français, il n'y a que la main... *Savez-vous ?*

— *Savez-vous ?*... Monsieur a voyagé en Belgique. Monsieur nous prend nos mots, riposte Madame souriant.

Et, sans autre cérémonie, nous nous serrons les mains. Ah ! c'est qu'on n'est pas ferré sur l'étiquette à trois mille mètres au-dessus des salons de Paris.

— Vous alliez déjeûner, Monsieur... Monsieur ?...

— L...V..., notaire en France. Notre déjeûner est à votre service... Madame... Monsieur ?...

— Van-Echooutt, brasseur de bière à Gand...

— Un successeur d'Arteweld!... L'un de ses descendants peut-être ? Ai-je deviné ?

— Que nenni, Monsieur ! ajoute Madame riant aux éclats.

— Sérieusement, Madame ? Monsieur ? Voulez-vous nous faire l'honneur de partager avec moi, avec Bertha mon guide, un notaire en second que je vous présente, nos œufs durs et notre poulet, lequel vraisemblablement ne sera pas tendre.

— Accepté, dit le mari.

— A une condition, continue la femme.

— Souscrite d'avance la condition...

— Vous nous permettrez d'apporter à votre menu l'appoint d'un gigot de chèvre.

— Digne émule du poulet, n'est-ce pas ?

— Je le crains...

— Soyons en sûrs... ce sera plutôt fait... Bravo ! Un pique-nique international.. A merveille !

— Guide, déballez ! fait M. Van-Echooutt... avec un geste presque royal.

Le guide du couple flamand était boulanger à Viesch tout comme Bertha notaire à Obergestelein, noble alliance du droit civil et du pétrin, deux colonnes sociales.

Il était écrit qu'on ne déjeûnerait pas avant l'heure du dîner. Fritz se reprend à ses vocalises, sa queue bat la mesure, et des flancs de l'Eggischorn tombant à pic sur le glacier, émerge un original que je n'oublierai jamais. C'est un homme entre deux âges, habillé de velours coton, la tête encapuchonnée d'un voile vert.

Et quelle tête ! Un masque criblé de coups de soleil.
Le nez tient du prodige. Représentez-vous, Mesdames,
une rose carminée, bulbeuse, exfoliée. L'exhibition
était manifestement d'origine anglaise. Du plus loin
qu'il nous aperçoit, il nous hèle et comme, soit persua-
sion, soit coups de pied, Bertha a suffisamment à faire
d'imposer au chien le silence obligatoire, c'est à moi
qu'échoit le rôle d'interprète :

— Sir ! Aoh ! Sir !

— Milord ! Aoh ! Wery-Wel ! Milord ?

— Voolez-vos beaucoup... prêter à moa, la guide à
vos pour courir le... ami à moa... perdiou, perdiou dans
le... le montagne...

— Yes !... Je voolais beaucoup... prêter la guide à
moa...

— Bien... bien oblidgé !... Sir !...

— Il n'y a pas de quoi... Milord !

— Aoh !

— Aoh !...

Et voilà, Mesdames, comment, sans chercher midi à
quatorze heures, nous réussissons à nous comprendre,
l'anglais dans notre idiôme, moi dans le sien.

Bertha s'était lancé comme une flèche. Le boulanger
suit Bertha, le chien suit le boulanger. Le cri des
guides réveille une demi-douzaine d'échos endormis,
Monsieur Van-Echooutt, Madame et moi restons con-
signés à la garde du camp.

Les fils d'Albion n'en font jamais d'autres. Par
orgueil national autant que par esprit d'économie, ils
ne se munissent de guides et de provisions que juste ce
qu'il faut pour les circonstances d'impérieuse nécessité.

Qu'arrive-t-il ? Ils s'égarent. Egarés, ils appellent à leur aide les guides et la cantine du voisin, sinon qu'ils ne se brisent les membres au fond de quelque méchant trou.

Que leur importe ? L'Alpin-Club leur rédige un article nécrologique, l'insère à la section des trépassés. Tout est dit.

C'était, au fatal dénouement près, le cas de l'ami, gros joufflu, rond, roux, ahuri. Les guides le remorquent en assez piteux état.

— Où l'avez-vous trouvé, Bertha ?

— Accroché à des broussailles, des genevriers... cinq cents pieds au-dessus du lac...

— Quel lac? fait madame Van-Echooutt, qui n'a rien pu voir encore, brisée par la fatigue, couchée au pied de la croix, semblable à Notre-Dame des Sept Douleurs.

— Le lac de Marjolaine... oui, Madame !

— Mërgelen, Mërgelen, s'écrie Bertha II indigné.

— A la fin des fins, déjeûnons-nous ? ajoute le brasseur.

— Milords ?

Premier Anglais : — Je voolais bien déjeûner... tout de même.

Deuxième Anglais : — Tout de même... je voolais bien déjeûner.

— Alors, Messieurs, déjeûnons, conclue le Flamand.

Déjeûner homérique. La causerie devient générale, animée, attrayante. Les impressions s'échangent, les mots circulent, les éclats de rire partent comme des fusées... Au moment où nous n'y songeons guère, l'un des Anglais, — le nez rose pompon — se frappe le front coupable d'un oubli, et, lentement, du ton le plus britannique, avec la plus sérieuse allure.

— Une nouvelle à moa... que voos ne savez pas...

— La nouvelle ! la nouvelle !

— Sébastopol est pris !!! (Nous étions au dix septembre...)

— Pris ! Sébastopol ?... Ah ! Sacredienne ! Et Milord qui ne disait rien.

— Yes ! Je avais oublié... Good By Good ! Je le avais su à Brigg...

— Et c'est officiel ? my dear Milord... Officiel ?

— Yes ! Tenez le dépêche... Je le avais copié hier à l'hôtel de Angleterre, le soir, tard, tard...

Ah ! Pour le coup, ce sont les chapeaux qui volent en l'air, les mains qui s'étreignent, les verres qui se choquent... Guerriers et lauriers ! Gloire et victoire ! Armée et Crimée ! Les rimes les plus flamboyantes du chauvinisme ! Hurrah pour l'Angleterre ! Vive la France ! Evviva l'Italia ! Vive la Belgique !

Et même la Belgique est embrassée sur les deux jouesde la petite dame *assistée et autorisée de son mari*, ajoute Bertha, lequel, en parfait notaire, tient à rester dans la légalité.

Oh ! oh ! lectrices ! le bon temps !

Les guides durent nous faire souvenir que banqueter à trois mille mètres, c'est bien; mais qu'il y a mieux encore, ne pas coucher à la belle étoile... que nous avions pour quatre heures de descente rapide, que si la brume nous prenait à partie, la caravane ne dormirait pas sur un lit de roses, etc., etc., etc.

Un dernier regard, et nous défilons dans l'ordre suivant :

En tête, Bertha, guide-chef.

Le brasseur de bière de Gand.

Madame Van-Echooutt.

Le boulanger.

L'historiographe.

Les Anglais.

Fritz.

Et encore dût-on rectifier la marche. Nous allions descendre l'arête de Belten. Le chien fait retentir l'air de ses aboiements les plus furieux. Penché sur l'abîme l'animal semble vouloir dévorer le glacier.

— Halte ! s'écrie le guide-chef.

— Qu'est-ce encore, Bertha ? Voyons ! En vérité votre chien est insupportable...

— Bon chien ! Il y a quelque chose... Parbleu ! à droite, sur la moraine du glacier... Voyez-vous ? Un, deux, trois chamois... Ils ont entendu Fritz... Ils f... le camp vers la Yungfrau...

Quels bonds ! quelle grâce ! Le chien était dans son droit. Il y avait quelque chose..., les chamois... les chamois que, vieux routier des Alpes, j'ai vu deux fois à peine courir affolés par monts et par glaciers... à l'Eggischorn, en 1855 ; en 1873, au col de Monte-Moro, à deux pas du Mont-Rose.

Bon chien ! on le fit passer en tête, avant Bertha. C'était un grand honneur... mais que refuser à Fritz ?

La retraite continue en bon ordre et cependant émaillée de glissades, de faux pas et de jurements. Arrivés sur l'un des nombreux tapis de neige éparpillés à la base du pic, notre sémillante compagne pousse un petit cri d'étonnement.

— Qu'avez-vous Madame ?

— Voici qui est étrange...

— Encore des chamois ?

— Des dents de lion !

— Où ?

— Là... Au bord de cette neige...

— Parfait. Nous avons, Madame, grâce à vous, les éléments d'une salade...

— La salade de l'Eggischorn !

— A l'œuvre, Messieurs !

La caravane entière, avec ses bâtons, avec ses mains pousse au déblaiement. Fritz, qui nous voit faire, fait comme nous.

Il y va de ses quatre pattes. Nous exhumons la plantureuse salade verte comme l'émeraude, et nous emportons à la pointe d'un bâton notre conquête captive dans une serviette nouée aux quatre coins... nous avions un drapeau.

Ai-je besoin de le dire ? Le souper nous réunit tous, voyageurs, guides, jusqu'à l'impressario de l'hôtel du glacier. Les dents de lion de l'Eggischorn eurent un succès au niveau de leur altitude. La fatigue était oubliée. Seul, Fritz ronflait sous la table.

Le lendemain, il s'agit de régler avec Bertha. Grosse négociation !

— Que vous dois-je, cher et honoré collègue ?

— Rien !...

— Comment ! Rien ?

— Tout compris !...

— Et vous croyez... vous !... que je vais faire perdre son temps et des actes à un confrère du Valais... pour rien... Jamais !...

—. Ce sera pourtant... Accepter des honoraires... un collègue ?... Par exemple ! Papa me l'a défendu...

— Votre main !... Enfin, mon pauvre Bertha !... Comment reconnaître ?

— Ecoutez... Monsieur V...

— Dites, maître V... ? J'écoute... maître Bertha !...

— J'aime une jeune et jolie fille de chez nous... Thérésine... nous sommes promis... La noce est pour bientôt...

— Mon compliment et tous mes vœux !...

— Merci, pour *Elle* et pour moi !... J'ai lu, quelque part, que vous avez à Lyon, sur une colline...

— Moins haute que l'Eggischorn...

— Pas de peine à le croire... que... vous avez une chapelle antique et vénérée... Notre-Dame de... de...

— Fourvières, n'est-ce pas !

— Fourvières, oui !... Voulez-vous nous faire grande joie ? Soyez assez bon pour nous offrir deux petites, toutes petites médailles bénites au sanctuaire de votre Madone.

Nous aurons foi en elle... Je sens là, dans l'âme, que vos médailles nous porterons bonheur...

Que répondre, Mesdames, sinon par une douce larme à des sentiments si purs, si simples et si noblement exprimés ?

Quinze jours après, les diligences fédérales du Simplon emportaient une boîte mignonne, artistement ficelée et cachetée, portant cette suscription :

MONSIEUR BERTHA FILS, NOTAIRE,
OBERGESTELEIN (SUISSE) P. P.

Dans le colis minuscule, pour Bertha fils et sa fiancée
deux médailles d'argent, à l'image de Notre-Dame de
Fourvières, indulgenciées dans toutes les règles...

Mais, je ne sais comment cela se fit, la médaille
destinée à la future Madame Bertha jeune se trouva,
par hasard, être au déballage une médaille d'argent...
en or.

Je pouvais, en 1872, faire une reprise du drame de
l'Eggischorn. Je passais par Wiesch et m'éloignais
sans détourner la tête, le cœur gros de soupirs. Tout
n'aurait manqué, Bertha, le brasseur de Gand, le boulanger, nos amis les Anglais, le bon chien..., et finalement la main potelée de Madame Van Echooutt si
preste à cueillir et préparer les salades de dents de lion.

Priez Dieu, Mesdames, qu'il me fasse revoir l'Eggischorn, le glacier d'Aletsch, la chaine méridionale de
l'Oberland, le lac... — (Bertha ne m'entend plus) —
le lac de *Marjolaine*? Et, que là encore, dans ce site
aérien, je puisse mettre une pensée, une image, un
souvenir!

CHAPITRE IV

MAURIENNE. — TARENTAISE.

§ I. — MAURIENNE

Ceci, Mesdames, est l'histoire véridique d'une promenade alpestre, au clair de la lune, à la mode des contrebandiers.

Ouvre-moi les trésors de tes indulgences plénières, ô mon vénéré public ! Laisse moi jaser, divaguer, raturer, surcharger, traiter à coups de revolver le dictionnaire de Littré... veux-tu ?

— S'il n'y a pas moyen de faire autrement... mais vous abrégerez ?...

— On abrègera... Merci, Mesdames !

Au courant du mois d'août 1878, entre le soussigné et Jules Bouillet, de la Grave, avait lieu cet échange de télégrammes au rabais, et à ciel ouvert. (10 centimes).

— Voulez-vous être mon guide en Savoie ?

— Pourquoi pas ?... Un inconvénient...

— Ecrivez l'inconvénient.

— Je ne connais pas la Savoie.

— Ni moi. Raison de plus. Boussole, baromètre,

cartes de l'Etat-major, flair de la montagne, protection
de Dieu. N'est-ce pas assez ? Venez !

— Où, quand, comment ?

— Jeudi 8... Saint-Jean-de-Maurienne. Ayez un mulet
de chez vous. Entre le Dauphiné et la Savoie, inventez
quelque col où la bête puisse passer, pas le Galibier, je
l'ai *fait* l'an dernier, un autre... Demandez à Paul Guillemin notre ami, seigneur et maître, si toutefois son rêve
de la Meige ne l'a pas rendu complètement idiot... J'ai
souvenir de certain col de Rachas, tout nouveau, dont
il me parlait avec avantage... ça y est-il?

— Ça y est!...

Et voici, Mesdames, pourquoi le jeudi 8 août 1878, vers
les deux heures quinze, avec une précision digne de vieux
stratégistes, nous entrions sous la porte cochère de
l'hôtel R... (n'en disons pas du mal), moi descendant de
l'express, sac au dos, alpenstock en main... Jules à cali-
fourchon sur un mulet d'assez belle prestance... *Nabou.*

J'ai perdu quinze jours à me creuser la cervelle sur
ce nom de Nabou, pour en dégager l'origine... serait-il
un dérivé, un diminutif de Nabu ou Nabouchodonosor,
changé en bête sept cents ans avant l'ère chrétienne ?
O bonheur ! J'allais peut-être enfourcher un mulet
biblique.

Après l'esclave, le maître...

Jean-Laurent Bouillet, Jules de son petit nom, né à
la Grave (Hautes-Alpes), guide de première classe,
émule des Gaspard, des Pic, des Dodde et des autres
virtuoses du piolet, Dauphinois, quarante ans, céliba-
taire, poigne en forme d'étau, jarret de bronze, avide
d'apprendre, presque lettré..., ne se montre jamais sans

son paquet de cordes en sautoir, sans ses guêtres de laine bouclées à la hauteur de... de la jarretière d'une... d'une jeune mariée de ce matin... grille des cigarettes en nombre illimité, n'a pas juré de sa vie, ce qui va me condamner à jurer pour deux, lui et moi..., poli, sobre, discret, énergique, aux petits soins, à la fois guide de glaciers et de salons, qui se recommande aux dames.

Installés tous deux devant un dîner pas trop spartiate, vu le milieu, je déploie mon programme, démasque mes batteries et lance à Jules mon manifeste.

— Article 1er. De St-Jean-de-Maurienne, point de départ, à St-Jean-de-Maurienne, *piquet* de retour, je serai guide-chef.

— Accepté !

— Article 2. Sur les routes carrossables, je prendrai un char, n'importe quoi, monté sur deux roues... pour le moins. Le mulet rivé à la queue du véhicule. Il sera tenu de trotter.

— Accepté !

— Article 3. Notre plan de campagne aura pour objectifs, la vallée supérieure de l'Arc par Modane, Lans-le-Bourg, Bonneval, le col d'Iseran, la grande chaîne Franco-Italienne.

— Accepté !

— Article 4. On traversera du haut en bas cette admirable vallée de Tignes, berceau de l'Isère, à peine mieux connue que les Pampas sud-américains... Lac de Tignes, grande Sassière, Thuria, Petit Saint-Bernard, Mont-Blanc, si le capricieux veut bien nous laisser voir le revers de sa médaille.

— Accepté !

— Article 5. Descente par la noble et riche vallée de Tarentaise, Moûtiers son chef-lieu, les gorges de Pralognan, le col et les champs de glace de la Vanoise...

— Accepté !

— Article 6. Col de la Madeleine, entre Moûtiers et Saint-Jean-de-Maurienne où ce sera le tour du nommé Jules Bouillet de prendre le titre, les insignes et les fonctions de guide-chef. Traversée du col d'Arve, puis de ce col inédit qui, d'après l'évangéliste Paul Guillemin, *doit* mettre en voisinage réglé les deux bassins de l'Arc et de la Romanche, descente à la Grave votre pays de loup...

— Ah ! par exemple !...

— Fête du Lautaret, messe, banquet, illuminations, retour à la Grave... Repos...

— Accepté !

Ce diable d'homme accepte toujours.

Le café pris, nous voyons stationner à la porte une petite victoria propre, ma foi ! suffisamment capitonnée et confiée par l'armateur à certain pilotin de quinze ans, tout plein guilleret.

A l'aspect de Jules, tenant son mulet par la longe, le petit homme improvise une grimace.

— Vous avez un mulet ?

— Comme tu vois, jeune Savoyard... Même qu'il répond au nom de *Nabou*.

— Où l'allez-vous mettre, votre bête ?

— Dedans si tu veux... Si tu ne veux pas, derrière, en croupe.

— Et trotter ?

— Nabou trottera, — fait Jules blessé dans l'honneur de son coursier.

— Trottera! glapit un loustic noyé dans la foule des badauds qui font cercle.

— Trottera pas ! ripostent d'autres rentiers de sous-préfecture.

— Que si !

— Que non !...

L'opération se fait. Nabou est amarré. La victoria prend son élan. Nabou a trotté, il trotte, il trottera... mulet d'élite ! Je ne lui ai connu qu'un travers ; je le signalerai en son temps. L'homme n'est point parfait.

Le petit carrioleur est émerveillé. Ses concitoyens le sont. Nous le sommes, moi et Jules, nous deux moins des prouesses de Nabou que du spectacle saisissant qu'offrent les montagnes de la Maurienne âpres, sévères, aux profils rébarbatifs.

Je l'avais maintes fois traversée cette Maurienne, tantôt blotti dans une de ces boîtes jaunes baptisées diligences en naissant, et qu'on porte en terre aujourd'hui, tantôt en cellule de deuxième classe, sur le chemin de fer du Mont-Cenis et je n'avais rien, rien vu de l'Arc qui rugit au fond des gouffres, rien des villages, des chaumières groupés à l'ombre de leurs clochers de ferblanterie, rien des forêts de châtaigners, d'érables, de sapins, d'arolles, montant à l'assaut des pentes, rien des névés et des glaciers, diadèmes éternels des pics, rien de Saint-Michel la gracieuse et verte oasis, rien des casemates, des embrasures, des batteries de l'Eseillon, nid d'aigle aux serres formidables, gigantesque serrure Fichet fermant à triples clés la frontière de

France du côté de la voisine... quand je dis, rien, rien, Mesdames, c'est qu'on ne voyait rien.

Parlez-moi, vous qui les avez faites ou tentées, des courses à tranchées ouvertes, où la poitrine respire un air pur et vivifiant, où les regards ont leur ivresse, où l'âme s'épanouit, heureuse de vivre et de rêver.

De Saint-Jean-de-Maurienne à Modane, le touriste a vingt-huit poteaux kilométriques à qui lever sa casquette ; vous ne serez donc pas surprises, Mesdames, qu'il fût nuit close, au moment où la caravane prenait terre devant l'hôtel International séparé par une simple esplanade de la gare qui rend à la lumière les trains venant d'Italie.

Brave gîte, cet International ! ni trop grandiose, ni trop étriqué, taille moyenne, fraîches savoyardes pour desservantes, additions honnêtes, simples, sans vestige de multiplication.

Voilà un de ces reposoirs, comme il t'en faudrait, horreur de Guillermin ! une demi-douzaine éparpillés à travers tes grandes Alpes Dauphinoises... songes-y, Dictateur du Briançonnais, si tu veux attirer à toi non plus seulement les durs-à-cuire et les lansquenets, mais les raffinés, les ascensionistes de la place de la Concorde à la barrière triomphale de l'Etoile !

Cinq heures du matin, départ. Huit heures, entrée de l'équipage à Lans-le-Bourg, guérite où veillait le factionnaire préposé à la garde du Mont-Cenis. Aujourd'hui, plus de Mont-Cenis, plus de sentinelle. Lans-le-Bourg si gaillard, si vivant, retrouvé atone, phthisique, à l'heure de l'extrême-onction, deux auberges,

cinq gendarmes, poste de douaniers ; qu'ai-je dit ? Lans-
le-Bourg une grandeur déchue ! Pas tant que cela !

Nous déjeûnions fraternellement, moi, Jules et le
jeune mécanicien de la Victoria, nous faisant vis-à-vis
dans la salle à manger commune. Soudain !

— Soudain ! quoi, Monsieur ?

— Rien, Mesdames ! je songe au grand Dennery !

Soudain, je vois le rideau d'une porte vitrée de
communication se soulever discrètement ; puis, derrière
le rideau poindre deux silhouettes, semblant appartenir,
l'une à certaine dame entre deux jeunesses, l'autre à
quelque bachelier de la veille, blond, de la famille assurément de ce polisson de chérubin que notre Beau-
marchais n'a pas créé, mais qu'il a immortalisé.

Je donne un léger coup de genou à Jules ; Jules le
repasse au petit cocher. Nos regards font un feu de
file sur la mystérieuse porte, la toile tombe, les héros
s'évanouissent

La jeune femme qui nous sert, gracieuse et résignée,
est la maitresse de céans. Parole facile, ne demandant
qu'à prendre son essor.

— Vous avez, Madame, beaucoup de voyageurs ?...

— Il s'en faut, Monsieur, le chemin de fer nous ruine.

— Cependant...

— Oui, oui... Vous voulez dire... Cette dame, ce
Monsieur arrivés d'hier au soir...

— Qui déjeûnent là...

— Au petit salon ?.. Ils attendent votre départ pour
prendre notre char-à-bancs et franchir le Mont-Cenis par
la route de terre...

— Notre départ ? Pourquoi ?

— Dame! Je ne sais pas...

— En route, Jules! En route!

— Guide-chef, à vos ordres!... Ne faisons pas s'impatienter les...

— Taisez-vous, mauvaise langue.

L'hôtesse sourit. La carte a son acquit sans timbre, signe de modération. Le petit bonhomme, qui nous quitte est couvert d'or. Nabou entre en scène, je mets le pied à l'étrier. Tout y est. Jules prend la tête du cortège armé de son piolet, de ses cordages, de sa cigarette. Je les suis et dix minutes ne se sont pas écoulées que du sentier dont nous gravissons les multiples zigzags, nous voyons le char à bancs de nos inconnus s'engager sur la vieille route du Mont-Cenis laissée à notre droite.

— Bon voyage, mes enfants! que ce garnement de Cupidon vous soit en aide. Pas de funeste rencontre! Surtout, plus de rideaux soulevés!

Je cherche en vain dans mes archives montagnardes un coin des Alpes ayant quelque ressemblance avec la vallée que nous allons remonter jusqu'au col d'Iseran, point de partage des eaux entre l'Arc qui prend naissance aux vastes glaciers de la Levanna, et l'Isère qui voit le jour aux champs de neige non moins vastes de la *Galise*. Cela ne ressemble à rien, comme précédents. Quelle âpre solitude! A gauche, les escarpements du massif de la Vanoise, d'où pendent glaciers sur glaciers découpés en lambrequins.

A droite, une série de gorges perpendiculaires à la vallée de l'Arc, noirs défilés inhabités, jalonnés de mers de glaces étincelantes, se donnant la main entre les créneaux des pics... Océan polaire ! De l'ouest à l'est étape de dix lieues Groënlandaises.

De-ci, de-là, quelques pauvres hameaux troglodytes, au milieu l'Arc qui a ses nerfs. Sentier quelconque montant, montant toujours *tant qu'à Bonneval.* (Grammaire de la Savoie.)

Bonneval ! Joli nom !... Affreux repaire ! Au demeurant, chef-lieu de canton ! Si ce n'est pas se moquer de la magistrature ! Labyrinthe inextricable, bouges enterrés pour soustraire les Bonnevalois et leurs dulcinées aux rigueurs d'une altitude de dix-huit cents mètres. Ah ! que le voyer en chef de Chambéry aurait besoin de faire une tournée par là, pour y mettre un peu d'alignement !

Il était plus de midi. Le lunch de Lans-le-Bourg remontait aux temps mérovingiens. Cependant, le guide-chef — un autocrate — décide que le sac aux provisions ne sera pas débouclé avant le col d'Iseran. Jules s'incline, résigné, ce que voyant, à titre de fiche de consolation, le guide-chef fait décoiffer une bouteille de piquette devant — pas dedans, Seigneur ! — devant une tanière se laissant appeler sans honte, *hôtel Culet,* du nom de son directeur.

Cinq touristes étaient là. Deux Anglais, trois Italiens, cinq écervelés dégringolés du Piémont par les glaciers au risque de se casser le cou. Les verres fraternisent, cela va de soi, puis nous nous séparons, les jeunes collègues pour retourner en Italie par d'autres glaciers, moi, Jules et Nabou pour attaquer l'Iseran qui débute aux frontières de Bonneval.

Farouche Iseran ! Si jamais tu me repinces ! Trois

mortelles heures d'escalade à travers les éboulis variés, les coulées d'avalanches, les ravines, les corniches et les torrents échappés aux glaciers voisins? Que de lacets pour atteindre les 2.762 mètres que mesure le baromètre à ton buste !

Je plains Jules qui bravement fait l'escrime du piolet. Je plains Nabou qui souffle et bute. Je devrais me plaindre, moi, de la selle, du roulis, de leurs conséquences... probables, et cependant je ne me plains guère, tout entier au luxe de mise en scène qui s'étale devant mes yeux.

O bonheur ! Le col est sous nos pieds. Ici, Mesdames, on met l'éteignoir sur la Maurienne.

§ II. — TARENTAISE.

Généralement les cols sont appelés à servir de salle à manger. Celui d'Izeran ne saurait manquer à sa destinée. La petite hôtesse de Lans-le-Bourg avait glissé dans le sac rôti, jambon, fromage, trois services. Nous faisons au menu l'honneur d'une fringale alpestre. Les deux flacons d'escorte sont mis à sec, l'un à notre santé, l'autre à la santé de nos amis absents. Au ciel, demi-douzaine au plus de nuées folâtres, larges à peine de quoi y découper autant de timbres-poste. Aussi, Mesdames, sommes-nous fiers, glorieux, rutilants de nous trouver au centre d'un rond-point, d'un cirque de blancs colosses mesurant, les bébés, trois mille, les grands, quatre mille mètres, sans en être plus fiers.

Comment se fait-il que ces cantons alpestres ne soient pas plus connus, recommandés et prônés ?

Là haut, il ne fait pas chaud. Bigre ! La caravane est restaurée. Les névés traversés le long de la pente méridionale lui en présagent de plus sérieux sur la paroi du nord. Du soleil pour deux heures et c'est trois ou quatre au minimum qui nous sont nécessaires pour descendre du col à l'affreuse ruelle par laquelle débouche l'Isère pour se rendre en son département.

Duperie de compter sur le mulet. Mieux vaut la laisser à son libre arbitre. Il s'en tirera plus vite et

mieux que les patrons. En creusant la neige à hauteur
du genoux, je remarque une particularité spéciale à
l'Iseran. Les passages principaux des Hautes-Alpes
sont — du moins Plumette prétend l'avoir dit —
jalonnés de hautes perches servant de points de
repère quand sont effacés les sentiers. Ici, mieux que
des poteaux en bois, des obélisques en maçonnerie
résistante, et, dans les soubassements, une niche sous
laquelle se peuvent abriter les voyageurs surpris par
la tourmente... Très simple, très humanitaire, et
parfaitement de nature à faire honneur aux ingénieurs de l'ancienne province de Savoie.

Doublant un cap de rochers, au moment où j'y
pensais le moins, voici que je me trouve face à face
avec une aiguille de glace étincelante comme une
aigrette de diamants aux derniers feux du soleil couchant.

— Jules?

— Monsieur?

— Le Thuria! (3.788 mètres.)

— Pas possible!

— Quand je vous dis!...

— Fier brin de montagne, que de la plume ou des
lèvres je ne me résoudrai jamais à flétrir du sobriquet
de Mont-Pourri.

— Sont-ils bêtes, ces savoyards! Mont-Pourri!
L'une des perles de leur Tarentaise... Que c'est beau,
mon Dieu! Presqu'autant que les Ecrins de chez nous!

Les Ecrins de chez Jules! nous y viendrons, Mesdames!

La caravane tombe en un groupe de chalets, au
Fornet. Les guêtres du guide-chef n'ont plus de cour-

roies; la dent des rochers les a grignotées. Jules, lui,
boite de la guêtre gauche égarée en route. Disparue
sa grande blague jaune soutachée de bleu. Faillite
générale... Nabou retrouvé nous attend.

Un clocher est en perspective. Laval de Tignes, le
plus haut village de la gorge de l'Isère (1.849 mètres).
Un particulier, le premier et l'unique depuis Bonneval,
se repose sur un tronc d'arbre, attendant la soupe que
sa ménagère est en train de lui tremper.

— Oh! L'ami?

— Messieurs?

— D'ici à Tignes, combien?

— Deux petites heures...

— La route est bonne...

— Proutt!

— Merci!

Heure de marche accélérée; nouvelle rencontre...
Une jeune fille remontant la vallée, trottant même
pour ne pas rentrer à des heures compromettantes
au chalet de ses ancêtres.

— Mademoiselle?

— Mon bon Monsieur?

— Le temps qu'il faut, s'il vous plait, pour arriver à
Tignes?

— Deux bonnes heures.

— Merci, mon enfant!

La lune se levait, frangeant, de sa pâle lumière,
les sommités à droite et à gauche. En face toujours
l'aiguille du Thuria blanche et blafarde sous son linceuil de neige.

Au hameau de la Daille, une troisième forme humaine s'agite dans les ténèbres.

— Jules, avec vos yeux de montagnard, ne distinguez-vous pas quelque chose ?...

— Un homme ! Oui.

— Voulez-vous parier une cigarette ?

— Je veux bien...

— Le naturel que voici va y aller de ses deux heures pour Tignes.

— Et deux fameuses encore ! dit en ricanant l'inconnu qui accoste, ayant entendu.

— Merci, mon brave ! Seulement, c'est la troisième fois, comment cela se fait-il ? qu'on nous chante aux oreilles : deux heures.

— Deux heures !

— Qui ?

— Un camarade de Laval... une fillette.. que sais-je?

— Des f... bêtes !

— Un mot encore !

— A votre service !

— Où passer? Je ne vois point d'issue.

— C'est que nous sommes à la gorge du Mouret, quand il est jour il y fait nuit. Pour lors...

— Quand il est nuit...

— Bah ! vous passerez tout de même... Bon voyage Messieurs !

— Mon brave ! Bonne nuit ! Voulez-vous une pipe de tabac ?

— Pas de refus...

— Adieu ! Bien des choses chez vous !

— Brigand de pays, fait Jules avec sa pointe habi-

tuelle de philosophie, plus on marche, moins on arrive !
Et ce défilé du... du...

— Du Mouret...

— A traverser... si, du moins, on y trouvait des lanternes, comme à la Grave.

— Ou des becs de gaz...

— Comme à Lyon... Belle ville, Monsieur ! Je l'ai
fréquentée deux fois...

— Ou même de la lumière électrique, comme à
Paris : Jules, connaissez-vous l'électricité ?

— Pas si électrique que ça ! et vous Monsieur ?

— Pas plus électrique que vous !

Devisant de la sorte, moi du faîte de mon mulet,
Jules inconsolable de sa guêtre envolée, nous abordons
cette gorge du Mouret, profonde, noire, spectrale,
rongée par l'Isère..., berges abruptes, ponts multipliés,
cascades retentissantes bien qu'invisibles, majesté sauvage qui donne le frisson. Pélerins de la dixième heure...
du soir, nous gardons un religieux silence adorant
Dieu dans l'une des plus fantastiques créations.

A la sortie du défilé, reprend le vallon de Tignes
toujours fuyant, endormi sous l'aile de son Thuria, sous
le regard argenté de la lune en frais de coquetterie avec
nous, pauvres chevaliers errants qui lui en savons bon
gré.

Onze heures sonnent. Tignes, salut! Jules court en
éclaireur à la recherche de l'hôtel Révial. Il trouve. La
maison se réveille. Branle-bas général de la cave au
grenier, soupe au fromage, lits passables, sans invasion
de pirates barbaresques. Au dehors, juste en vis-à-vis de
la posada, splendide cascade, copie magistrale du Giess-

bach, faisant ses embarras, blanche du reflet de la lune au milieu de sapins noirs.

— Jules, que pensez-vous de cette journée ?

— Dame ! Je pense que nous avons quinze heures de marche dans les jambes. Pour une première étape, déjà pas si mal.

— La suite à demain. Bonne nuit !

En présidant à la soupe de bienvenue, la mère Révial, maîtresse du lieu, veuve d'un des nombreux Révial qui ont fait souche à Tignes, du plus illustre peut-être, grâce à l'écharpe tricolore du maire superposée au tablier blanc du chef, la mère Révial grosse, joufflue, joviale autant que veuve, m'avait annoncé la présence de cinq touristes lyonnais.

— Lyonnais ? Leur nom ?

— Je ne sais pas. Ils sont la mère, le père, deux belles demoiselles, un garçon... Quatre mulets, trois guides...

— Et ils vont ?

— Au rebours de Monsieur... L'Iseran, Bonneval, Lans-le-Bourg.

— Ah ! sacredienne ! mère Révial, n'oubliez pas de m'éveiller... C'est que, tel que vous me voyez, je suis un enfant de Lyon. Je veux être là...

A quatre heures, au demi-jour, je descends dans le simple appareil, et me trouve en présence de la caravane... Madame et ses fillettes déjà hissées au sommet de leurs bêtes ; Monsieur, le garçonnet, armés de bâtons ferrés. Touristes en famille, admirablement outillés ; descendance en ligne directe du vénéré Ch..., doyen du notariat lyonnais, l'un des maîtres de ma jeunesse.

Echange de politesses entre voisins et collègues du Club-Alpin, renseignements échangés, souhaits de voyage, etc., etc., etc. La tribu des Ch... tourne à droite, je tourne à gauche par l'escalier Révial pour passer mes bretelles, mettre ma toilette à jour, me brûler la gorge au café du matin, et, suivi de Jules, attaquer *celle* qui monte au lac de Tignes.

§ III. — LAC DE TIGNES

Lacs des rêveurs ! — Je vous offre, Mesdames, en tombola, l'unique photographie qu'en 1878 j'aie pu ravir à une pauvre vitrine d'une librairie de Moûtiers. Prenez-moi quelques billets !

Voyez, sur la limite des bois, à deux mille cent mètres d'altitude, au centre de pâturages criblés de fleurs, voyez ce miroir de poche et d'azur au cadre d'émeraude, calme, paisible, silencieux, d'une tenue parfaite. Il y a là des promontoires montant à la hauteur du genou, des baies larges comme une soucoupe, une nacelle grande comme votre pantoufle, cinq ou six chalets assez avenants.

Vous devriez louer ceux de gauche. Quelques amis et collègues loueraient ceux de droite. Bail de deux ou trois mois sans dédite. Nous pêcherions les truites du lac qui se sachant très délicates ne se laissent guères prendre à l'hameçon. On causerait, on philosopherait, on oublierait le monde, ses luttes et ses méchants. Ni gazettes, ni pianos.

Nous aurions sous les pieds la vallée de Tignes, sa triomphante cascade et devant les yeux de la grande Sassière (3.756 mètres), sa crête neigeuse fermant l'horizon de l'Italie. Nous ferions enfin venir de la Grave Jules pour garder notre lac, pour nous promener sur les glaciers d'alentour.

Car il y a des glaciers au lac de Tignes..., un grand surtout venant y baigner les séracs et les moraines qu'il pousse devant lui.

— Quel est ce glacier, Monsieur ? Savez-vous ?

— Parbleu ! le glacier du Thuria, ce me semble...

— Vos cartes sembleraient dire plutôt glacier de Pramecou !

— Jamais de la vie !... Thuria !...

— Pramecou.

— Je vous dis que non...

— J'ai l'honneur de vous dire que si.

— Fichue tête ! Vous verrez à Tignes... Descendons !

A la table du déjeûner, le conflit tenait encore. La mère Révial fait son entrée, le front couronné d'un nimbe de vapeurs s'échappant d'une grande et antique soupière... Plantureux potage, sois le bienvenu !

— Madame Révial ?

— Monsieur ?

— Comment appelons-nous le beau glacier qui tient au frais les truites de votre lac ? Le Thuria, n'est-ce pas ?

— Le Pramecou, hein ? Fait Jules, goguenard...

— La Grande Motte ! riposte la mère Révial tendant à chacun des belligérants une assiette de soupe à soixante degrés. — Triple éclat de rire à l'unisson, guide-chef, guide-adjoint, deux profanes ; mère Révial seule à la hauteur des cartes de l'Etat-major.

En 1877, si je ne m'égare dans les dates, se tinrent à Tignes les assises internationales des Clubs-Alpins Italien, Suisse et Français. — Arcs de triomphe, banquets, toasts, champagne frappé, bal champêtre au lac, rien ne fut oublié. Une ivresse cosmopolite, s'il en faut croire la mère Révial et les annuaires de nos confréries montagnardes. Les jeunesses fraîches et délurées de dix lieues à la ronde en rêvent encore, en rêveront toujours.

Je songe à mettre le cap sur Bourg-St-Maurice, six mortelles heures de soleil torride, de cuisson à outrance. Le premier village rencontré à travers prairies se nomme Brévières, théâtre et victime de la catastrophe de ces dernières années. Une avalanche partie de la Grande Parëi (3.611 mètres), franchissant l'Isère, saccageant tout, corps et biens.

A gauche de la vallée surplombe toujours le Thuria aussi pointu, mais plus menaçant peut-être que celui d'hier. Un site étrange est le site de la Gurraz. Quelques unes de vous, Mesdames, ont-elles fait en famille la course d'Izeron, notre Izeron perché comme un nid d'aigle sur son rocher à pic, l'une des meilleures pages de notre album Lyonnais? Tel est le village de la Gurraz vu par le gros bout de la lorgnette. Les différences sont qu'Izeron plane humblement à 700 mètres tandis qu'il en faut 1.600 à la Gurraz, pas un de moins..., que notre Gurraz à nous n'a pas un pauvre petit glacier à offrir à son département, tandis que leur Izeron à eux, les gens de Tarentaise, en possède trois ou quatre qu'ils cèderaient volontiers, à bon compte.

Le principal descend jusqu'auprès des chaumières groupées autour d'un clocher mince, effilé, qu'on dirait sortir d'une crevasse comme une prière et un appel à la clémence divine. C'est que la Gurraz n'en est pas à sa première prise de bec avec les avalanches de neiges et de rochers, et cependant malgré leurs menaces ils tiennent bon, séduits par la fertilité de leur terrasse dont le champ de culture se dessine entre les glaciers et l'escarpement à pic qui domine l'Isère.

Un jour viendra — *Dies iræ* — où le glacier de gauche voudra donner l'accolade au glacier de droite. Sous l'étreinte de ces deux garnements, étouffée ,éperdue, la pauvre bourgade sera précipitée dans l'abîme.

— Et le clocher, Monsieur? Le clocher si mince, si effilé ?

— Le clocher aussi, Mesdames !... Il ne renverra plus son prisme argenté sous le double rayonnement du soleil et des glaces ; le lendemain, on ne retrouvera guère sur les berges de l'Isère que les débris informes du brillant et gracieux campanile... Voilà, mon bon public ! En attendant, l'aspect de la Gurraz est émouvant, pittoresque. Je suis comme les jeunesses de Thignes, j'en rêve encore et j'en rêverai longtemps.

Nous cheminions toujours. La poussière et la chaleur deviennent intolérables. Nabou se débat contre ces affreuses mouches, ennemies nées et hériditaires de tout ce qui, dans les Alpes, marche sur quatre pattes. La température est au siroco ; il y a de l'orage en l'air.

Sur la droite, les pentes du Petit-Saint-Bernard commencent à se dessiner. Jusqu'au Bourg - Saint - Maurice que nous dominions à trois lieues de la distance et à vol d'oiseau, deux drames, pas davantage... le drame de Sainte-Foy dont le journalisme européen a fait le reportage et la critique, plus le drame du guide-chef absolument inédit.

Sainte-Foy est une grande paroisse à l'entrée de la vallée de Tignes. Deux de ses hameaux, la *Mazure* et le *Miroir*, sont dominés par le Bec Rouge, éminence à crête démantelée (2.400 mètres). Or, aux premiers jours de juin 1877, la masse s'était mise en mouvement. Elle s'écroule comme une muraille lézardée, rompue par une force invisible et continue.

Tantôt ce sont des blocs se détachant sans cause apparente, éclatant et s'allant briser au fond du torrent qui rugit et proteste. Tantôt, après un moment de répit, sur le talus à pic de la montagne, roulent, en nappes épaisses, des avalanches de petits cailloux avec un cliquetis agaçant.

La scène est grandiose. Demi-heure de contemplation à distance abritée. Le phénomène touchait à son terme. Si les volées de rochers faisaient relâche, les cascades de sables et de *pierrailles* soulevant des tourbillons de poussière jaunâtre persistaient dans leurs évolutions. La science y a perdu ses lunettes.

Rien à faire. On ne lutte pas contre un monstre de sept mille deux cents pieds. Mazure et Miroir ont fait cette lamentable expérience... Ruinées, humbles et vertes oasis de la Tarentaise aux si doux noms ! Votre Bec rouge, un vautour !

Abordons, Mesdames, le drame inédit. Vos regards ont des lueurs d'impatience.

C'était jour de foire à Bourg-St-Maurice (2.600 habitants). Concours de populaire au forum, naturellement. Ne voilà-t-il pas qu'à l'entrée de la grande rue... (je voulais tirer un voile sur tes méfaits, ô Nabou ! Impossible ! La conscience est attelée à Plumette et la guide ; avant tout la vérité). Or donc, séduit par le concours des spectateurs, jaloux de leur faire admirer ses *performances*, aiguillonné peut-être, titillé par les mouches... (je cherche à l'excuser, cette bête);... ne voilà-t-il pas mon sacripant de mulet qui, méthodiquement, plie ses jambes, s'étale en plein sur la route poudreuse, et se vautre les quatre fers en l'air, moi dessous ?

J'avais eu la présence d'esprit de vider les étriers, de me cramponner à la selle, si bien que je reste en plan, le torse développé, tibias à l'écart, cliché du colosse de Rhodes... Nabou dessous à son tour.

Je recueille les applaudissements du public éclairé de la Tarentaise. Nabou, lui, en est pour sa courte honte, et la plus belle volée de coups de piolet administrée par la rude poigne de Jules, opérant lui-même.

Cinq heures : Entrée à l'hôtel Mayet sans autre avarie que la triple couche de poussière empruntée à l'évènement. Je m'en soucie peu. En voyage, Mesdames, vous savez ?

Je m'étais mis en tête d'aller coucher le soir à l'hospice du Petit Saint-Bernard. Mayet, dont les traits se chargent de brumes, reçoit la confidence de mon projet :

— Hum ! Une course de six heures ! Monsieur n'arrivera pas avant minuit.

— Si vous deviniez ce que je m'en fiche ? Deux noctambules, moi et Jules, mon guide... Vous avez une voiture ?

— A volonté, oui...

— Couverte ?

— Oui... à volonté !

— Un bon cheval ?

— Je n'ai que de bons chevaux.

— Un maître-cocher ?

— Jean !

— Qui... Jean ?

— Le meilleur de mes hommes.

— Va pour Jean, mon cher hôte... vite à dîner...
Nous couchons au Saint-Bernard.

— Faudra voir ?

— Tout vu, père Mayet. Ne me faites pas triste mine.
Demain, après un coup d'œil au Mont-Blanc, on viendra
vous demander à déjeûner.

— Très bien !

— Pardieu, oui ! Très bien... J'y compte... Jules
aussi. La maison est cotée...

— Ce n'est pas ce que je voulais dire.

— C'est égal, hôtelier poltron mais modeste ! Pendant que je déjeûne, vous changez de cheval, Jean nous
reste s'il a été gentil, et Jean nous fait rouler jusqu'à
Moutiers... Les deux courses, combien ?

— Hum ! Vingt-cinq francs ! Est-ce trop ?

— Père Mayet ! Vous êtes un brave homme, vous !
Vingt-cinq francs et la bonne main... Touchez là !... Je
vous laisse en gage mon sac, la guêtre dépareillée de
mon guide, et Nabou, son mulet... Dinons sur le pouce...
en route !

La direction de Tignes est reprise jusqu'au village du
Mont-Valézan peu distant de Sainte-Foy notre petite
connaissance du matin. Je m'expliquais difficilement
les six heures menaçantes de Mayet pour atteindre le
col du Petit Saint-Bernard qu'on découvrait de la

vallée... Eh ! mon Dieu ! Je comptais sans les lacets prolongés de la route nouvelle, faisant courir à notre voiture d'interminables bordées semblables en cela aux voiliers qui suent sang et eau pour pincer le vent au plus près.

La nuit se précipite, hargneuse et colère. En moins de temps que n'en consacre Plumette à cette page lugubre, les nuages se condensent, se prennent au collet, se livrent à des rixes déplorables, à des voies de fait justiciables de la loi pénale. Le vent fait rage, les éclairs sillonnent en tout sens l'horizon. Le Thuria joue les Sinaï. La foudre lui met ses pétards... aux flancs. Jabloschkoff électrise ses sommets. Toute la féerie d'un cataclysme alpestre. Ah ! Mesdames ! Comme je me prends à regretter de n'avoir pas écouté, avec les égards dûs à leur mérite, les conseils du digne et consciencieux Mayet.

Je grelotte, Jules grelotte, Jean grelotte plus fort sous sa peau de bique moins imperméable que frisée. Le cheval souffle et renâcle à fendre l'âme... Heureusement la voiture à toute épreuve résiste et roule.

Ainsi que toutes choses en ce monde, les lacets ont leur fin. La pluie devient plus raisonnable et se laisse refouler dans les antres de St-Médard son patron, la lune donne quelque transparence aux brouillards, l'expédition en détresse stoppe devant le haut perron du couvent. Ah !

— Jules ! Quelle heure ?

— Ma foi ! Monsieur. Tant pis ! Je ne peux pas... J'ai les mains gelées... Où est ma montre ?

— Douillet ! Voyons... une heure ! une heure du matin ! Belle heure pour rentrer chez soi ! Tapez dur à la porte ! En branle le carillon !

Le couvent est une caserne plutôt qu'un hospice. Frapper et sonner à cette heure anormale autant dire qu'il faut attendre le réveil de la garnison, le pantalon passé, la lampe allumée. Ah ! Mesdames, nos quinze minutes de stationnement au sommet du perron ! Les dents claquaient, nous gelions sur place. Un peu plus, moi, Jules, Jean, trois séracs !... Je pensais à toi, Paul Guillemin, à vous, Salvador de Quatrefages, à vous deux les héros de la muraille nord du Viso, à cette nuit terrifiante et mortelle du dix septembre 1877 !

— Au feu ! au feu ! crient les trois énergumènes du seuil de la porte qui s'entr'ouvre.

— Le feu au couvent ! crie, à son tour, le frère portier ahuri.

— Pas çà ! Frère ! au feu de la cuisine, s'il en reste ! une soupière de vin chaud ! trois lits ! nous vous bénirons dans le temps et dans l'éternité !

— Amen ! répond le bon frère nous précédant sur le chemin de la cuisine. Deux heures ! nous dormons comme les marmottes nos frileuses voisines.

Le col du Petit Saint-Bernard est généralement connu pour être après le Mont-Genèvre, et n'en déplaise à ses deux mille cent cinquante mètres, le passage le moins scabreux des Alpes Pennines. Là, pour le pittoresque peu de chose, sinon rien. Resté Italien, le couvent fut le sujet d'un touchant épisode à l'occasion de la nouvelle frontière qu'en 1860 apportait dans son trousseau la chère Savoie désormais réunie à la France.

La ligne naturelle de démarcation ne pouvait être

que l'arête du col. Placé quelque peu au dessous de ce col, sur le versant savoyard, le couvent devait suivre, et acquérir ainsi la nationalité de sa nouvelle patrie.

Que fait alors le roi Victor-Emmanuel, un finaud doublé d'un galant homme ? Il prie l'empereur Napoléon de laisser fléchir en sa faveur le principe inexorable de la ligne droite, de la remplacer par une petite ligne courbe de rien, assez courbe en somme pour garder au royaume d'Italie l'hospice du Petit Saint-Bernard, fondation de ses pieux et illustres ancêtres, apanage de l'ordre insigne des Saints Maurice et Lazare, tenu de recevoir et d'héberger riches ou pauvres, voyageurs et pélerins.

Le motif était bon. Victor-Emmanuel emporta sa ligne courbe, son couvent et son Abbé-Chevalier, digne et saint homme d'une courtoisie parfaite, se contentant, lui, les quelques frères qui l'assistent, et son ordre chevaleresque de ce que la générosité anonyme des heureux du monde leur fait glisser dans la tirelire en vedette au seuil de l'hospice.

Trois heures de sommeil. Le nez à la fenêtre. On cherche la Lance-Branlette. Introuvable.

La Lance-Branlette est un pic de 2,930 mètres, voisin immédiat du couvent. L'ascension est facile, le panorama se déploie du Mont-Rose au Lyonnais. Oui, Mesdames !... notre Lyonnais !... passant en revue les massifs du Mont-Blanc, du Pelvoux, de la Tarentaise..., est-ce que je sais ?

Mais, une fois encore introuvable, notre Lance-Branlette. Une masse de plomb l'étouffe, l'asphyxie semble irrémédiable, si bien que la caravane se résigne à franchir pédestrement le col assez monotone, sans autre cachet qu'un tronçon de colonne dite colonne de Joux, d'origine romaine, plus les vestiges d'un cirque de pierres démantibulées, appelé cirque d'Annibal.

Car, après deux mille et tant d'années de dissertations, de thèses, de coups de poing archéologiques, il paraît presque décidé que le Bonaparte carthaginois traversa les Alpes pour aller vaincre à Trasimène et se faire battre à Capoue. Oui, la version est orthodoxe, officielle; celle d'ailleurs d'Eugène Cupelin au col du Bonhomme, jusqu'au jour où de nouveaux princes de la science trouveront que le passage s'est fait ailleurs, ou qu'il ne s'est pas fait du tout.

Assez d'Annibal; il s'agit de surprendre le Mont-Blanc dans sa couche aérienne. Jean veut en être. Il nous accompagne tenant sous le bras droit certaine bouteille d'un aspect réjouissant. De quelle cave peut-elle bien monter... la bouteille? Si Jean l'a illégalement acquise, que le Seigneur lui pardonne! un si brave cocher!

De l'arête vous descendez, Mesdames, en vingt-cinq ou trente minutes par la grande route. Tournez à gauche, ô mes intrépides curieuses! encore deux cents pas, et vous foulerez le gazon d'une terrasse avancée donnant en plein sur la chaîne du Mont-Blanc. Là est une cantine encore fermée... cantine du Vernay... vous y êtes? bien... Tenez-vous tranquilles, Mesdames, et laissez parler votre rapsode.

Campés sur notre belvédère, nous regardons de tous nos yeux moi, Jules, Jean seulement d'un œil, l'autre rivé sur la précieuse et dive bouteille. Ce que nous voyons le mieux, c'est que nous ne voyons rien.

Un brouillard terne, opaque, résidu de la tempête nocturne empaquetait le massif entier. Jules se désespère...

— C'est un vol, Monsieur !

— Oui, mon ami... un abus de confiance !

— Nous porterons plainte...

— Vous riez, parce que vous l'avez déjà vu ce gueux de Mont-Blanc...

— Je ne ris pas du tout... au contraire...

Jules cherche un arbre pour y ajuster sa corde, y confectionner un nœud coulant et se pendre... pas d'arbre à demi-lieue à la ronde... triste ! triste ! Car enfin, c'est pour Jules, le Petit St-Bernard, le massif du Mont-Blanc, oui certes, pour le pauvre guide de la Grave qui, hors du cercle de ses montagnes dauphinoises ne connait rien des Alpes classiques.

Entre temps, — au point culminant de la colère de mon homme, — voici qu'un dard aigu, noir, perce dans la buée grise...

— Jules, mon ami, silence !

— Je ne dis rien...

— Silence, tout de même ! Du nouveau, mes enfants ! voyez ce pic à droite.

— Eh bien ?

— Si mes souvenirs ne sont pas infidèles, ce doit être l'aiguille du Géant.

— Parbleu ! fait le cocher, un habitué...

— Fichtre ! ajoute le Dauphinois qui se permet un anodin juron...

— Que diantre va-t-il se passer ?

Ce qui se passait, Mesdames ! à deux lieues de nous, vers six heures du matin, le voici :

En se réveillant, le Géant allait vaquer à son inspection quotidienne... Qu'avait-il découvert ? quelque chose d'anormal sans doute et d'excessif, car sans mot dire, sans prendre même ni corde ni piolet, il avait franchi son glacier... le glacier du Géant le plus terrible peut-être des Alpes. Je l'ai vu d'assez près pour ne pas désirer le revoir plus près encore.

Ledit glacier franchi, le Géant se trouve à la porte de son suzerain qui dort. Il frappe comme un sourd.

— Pan ! Pan !

— Qui est là ?...

— Moi...

— Qui... toi ? Je n'y suis pas...

— Le Géant.

— Entre alors ! Tiens ! tiens ! le Petit Géant ? Si matinal ?

— Lui-même. Excellence... le Petit Géant !

— M'apportes-tu le journal ?

— Non... mais..., trois particuliers que je vois là-bas dans le brouillard, derrière l'esplanade du Verney... contre le Saint-Bernard...

— Lequel ? le Grand ? le Petit ?

— Le Petit !...

— Je ne m'en fiche pas mal, de tes trois particuliers ! Laisse moi finir mon somme... Je rêvais de mariage avec la Meige, ma payse du Dauphiné...

— Eh ! Eh ! Son Excellence a bon goût... Belle et fine taille ! hum ! 3,987 mètres !... Mais, mais, entre nous, Excellence ! Je croyais..., on m'avait dit la Meige mariée.

— Depuis quand ?

— Depuis le 16 août 1877... Avec un tout jeune homme, un Français, Boileau-de-Castelnau. On la croit même bigame !

— Vas-t-en animal ! Crétin !...

— Comme cela... mes trois particuliers ?..

— Je ne veux seulement pas leur offrir une glace.

— C'est qu'un des trois n'a pas la mine d'un étranger... Nous ne connaissons que lui... Ou je suis un crétin comme dit Votre Excellence, ou ce doit être le touriste L. V...

— Le père L. V. Bigre ! l'un de mes vieux amis. Ah cristi ! ne le faisons pas attendre... Vas mon petit Géant, vas me chercher le *Figaro* des Grands-Mulets, qu'il monte me faire la barbe !...Tout le monde sur pied... en tenue..., au rideau !

— Au rideau ! fait retentir la basse profonde du Géant.

Et, sur toute la ligne, du col de la Seigne au col Ferret, cent échos se renvoient le cri d'appel : au rideau ! au rideau !

La féerie commence :

Ici, Mesdames, une de vos plus éminentes collègues — de la section lyonnaise, s'il vous plait, — demande la parole pour une interpellation au conteur.

— Nous connaissons vos féeries, faites-nous grâce ; elles se ressemblent toutes ; nous en avons assez. Qu'elles appartiennent aux chaînes du Mont-Blanc, de l'Oberland, du Valais, toujours, toujours les brouillards d'avantgarde qui s'agitent, se trémoussent et mollement flottent comme un voile de gaze et se replient comme un décor... Oui, Monsieur, de folles nuées, des buées d'or s'échappant par les embrasures de vingt glaciers, toujours un gigantesque fouillis d'aiguilles, — d'aucunes rosières encore, — et les dominant toutes, — rosières ou non — le Mont-Blanc, leur maître et leur souverain, écrasant de majesté dans sa gloire, dans ses rayonnements !... etc., etc., etc.

— Que de reconnaissance, Madame ! Parfaite l'interpellation ! En dix lignes que de points vous rendez à Plumette !.. Si nous passions à l'ordre du jour ?

Mis'en présence de son Mont-Blanc, fou de joie, Jules s'émancipe et saute au cou du guide-chef... On procède à l'autopsie de l'anonyme flacon de Jean. Hécatombe de cigarettes.

La tristesse du moment est de s'arracher à tant de séductions. On s'y résigne. Dame ! c'est que nous avons à voler à la conquête de nos lits pour la nuit prochaine, douze lieues nous en séparent.

Faisant volte face au sud, nous sommes face à face avec un grand glacier qui nous tire les yeux... Le Ruitor dans la vallée d'Aoste. Beau bloc, oui, mais trop rapproché de son colossal voisin, pour aspirer aux premiers rôles. Au Ruitor comme sur les autres sommités frontières, le roi Victor-Emmanuel se livrait chaque année à la chasse des bouquetins, vivant en Nemrod, sans faste, sans épaulettes, et couchant à la belle étoile faute de mieux. Les valdaostains bénissent la mémoire du chasseur couronné. Chamois et bouquetins se frottent les pattes d'aise et de joie.

Vous n'allez pas me croire, Mesdames, et cependant, sur vos têtes chéries, sur les têtes que vous aimez, si ce que je vais écrire n'est pas la plus stricte vérité, prenez des bâtons, chassez-moi ! Je tournais le dos au Mont-Blanc et à sa cour, je reprenais la direction du col. Au dernier coude du sentier, je veux, c'est plus fort que moi, je veux donner un adieu suprème, éternel peut-être, rien, plus rien. Les brouillards, les buées ont repris leur domaine. Le Petit-Géant a fait tomber le rideau. La symphonie a chanté sa dernière note.

Ce qui prouve bien, Mesdames, que le Mont-Blanc avait voulu faire quelque chose pour un de ses croyants, et ce qui donne un certain cachet d'authenticité à sa conférence avec le Petit-Géant. Je dis cela parce que très souvent on nous calomnie, pauvres touristes. Nous sommes des vantards, des monteurs en *blagues*, des alpinistes en chambre.

Moralité : Il fait bon avoir des amis partout.

Retour à l'hospice, messe du révérend Abbé-Chevalier, déjeûner substantiel, attelage de la carriole. Départ. En moins de trois heures descente du col qui nous en a pris sept à la montée. Réapparition du Thuria, notre ami d'hier, fringant, élancé toujours, mais ayant quelque peu perdu de son prestige. Bourg-Saint-Maurice nous reçoit dans ses murs, Nabou fait à Jules des mines et des mamours.

Le temps à peine de relayer, la caravane au complet trotte joyeusement sur la grande vallée de la Tarentaise.

Eloignez de moi, Seigneur ! la mauvaise pensée de la peinture, même de l'aquarelle. Je tiens la brosse plus maladroitement encore que la plume... Et le temps ? Le loisir ? Ne devons-nous pas coucher à Pralognan ?

La haute Tarentaise est un bijou. Montagnes aux

croupes harmonieuses, forêts sombres, pâturages ivres de fleurs et de verdure, vignes à l'italienne, bourgades bien tenues, chapelles éparses, manoirs féodaux, l'Isère faisant ses embarras dans un lit très encaissé.... la Tarentaise l'une des grandes choses des Alpes, rivale incontestable à mes yeux des vallées les plus célèbres, les mieux acréditées.

Et, songer que nous, Français, savions de la Tarentaise à peine son nom, il y a cinquante ans. Le Club-Alpin, l'intelligente section de Moûtiers y ont mis bon ordre. Patience ! ô noble contrée. *Tu Marcellus eris !*

L'équipage s'arrête à la porte de l'hôtel Vizioz. Le dîner est commandé, aussi la voiture pour Pralognan. Le dîner va tout seul, c'est la voiture qui ne va pas.

Il est dimanche. Les baigneurs de Brides, à cinq kilomètres, s'étaient mis en tête d'organiser un festival. Le *tout Moûtiers* y courait, en chars, en charrettes, en tombereaux. Pas une brouette à frêter, pas le plus frêle palanquin !

Adieu donc le Pralognan de ce soir !... Le massif de la Vanoise, adieu ! L'horloge est détraquée, les combinaisons s'en vont au diable emportées par le torrent de la fatalité.

Le torrent de la fatalité ! Bon ! voici que je me mets à écrire des inepties !

Faut-il, Mesdames, que je sois en colère ?

----

§ IV. — PRALOGNAN

Une fois encore, Mesdames, la Providence veillait sur moi. Elle avait pris les traits de Madame Vizioz, la tzarine de la Couronne, gracieuse, empressée, faisant marcher son monde à la baguette, veuve, de plus mère d'un grand beau garçon de vingt ans, son sous-secrétaire d'Etat.

Or, l'administration de la Couronne avait si gentiment manœuvré, que j'entends un bruit de roues, je vois un breack stationnant au pied du perron.

— Une voiture !!!

— Vous y tenez donc bien à votre voiture ? fait le jeune Vizioz entrant le sourire aux lèvres.

— Parbleu !

— Voici...

— Bah ! Le break est à moi ?

— Jusqu'à demain, si le désirez...

— Si je le désiré ? O candeur du jeune âge ! Et vous avez trouvé cela... tout seul ?

— Non, Monsieur... Avec maman. Un de nos voisins, entrepreneur de peinture...

— Peintre-plâtrier, n'est-ce pas ?

— A peu près. Notre excellent voisin n'est pas dans la location des voitures, mais, comme il se rend au festival, il nous prête volontiers la sienne, et la conduira lui-même jusqu'à Brides...

— Bravo ! Jules, qu'en ditez-vous !

— Je dis comme Monsieur... Bravo !

— Et de Brides à Pralognan ?

— Le voisin prête aussi son neveu qui vous y montera ce soir, et vous en descendra demain.

— Parfait !... Et, pour ce prêt en partie double, combien ?

— Ce que Monsieur voudra...

— Ah ! ça !... mais... dites donc ? Ce n'est pas un hôtel, votre maison... C'est un cliché du paradis terrestre.

— Nous faisons nos efforts, pour être agréables à nos clients.

— Merci à Madame votre mère ! Merci à Monsieur l'Entrepreneur ! Merci à vous, mon jeune ami... Votre main ? Vous ne savez pas le fagot d'épines que vous me tirez du pied. En route, vite ! Si on allait nous souffler *mon* break !

Départ à quatre heures. N'oublions pas Nabou. Il a repris son poste de bataille. Nous traversons au grand trop Salins et Brides endimanchés, leurs fanfares au vent, ne comprenant rien à cette machine roulante qui commence par un cheval et finit par un mulet.

Nos aimables compatriotes — la plus belle moitié de Lyon — ne raffolent guères de Brides ni de Salins. Pourquoi ! Le séjour m'en a semblé très supportable. Aspect bourgeois, d'accord... Que nous sommes donc après tout, bourgeois aussi des plus authentiques.

Chalets non sans élégance, hôtels confortables, vallons

discrets pailletés par les rayons du soleil, végétation à tous crins, ombrages à rendre jaloux Virgile et le Tytire de ses bucoliques... L'air passé au filtre..., joie des poumons... L'eau partout, claire, perlée, frétillante. Mais, non d'un petit bonhomme ! que voulez-vous de plus, Mesdames ?

L'Entrepreneur se confond en politesses et nous lâche à Brides pour s'aller plonger dans un bain, puis, après le bain, dans les délices du festival. Nous sommes remis à la garde de son neveu, jeune gars vif comme un pétard, gai comme pinson. La doublure de notre Jean du matin.

Après Brides, Bozel chef-lieu de canton, gracieux encore et déjà plus sévère. Au centre de Bozel, un clocher. Plumette dit mal... un minaret, importé croirait-on du Caire ou de Stamboul ; au portail de l'auberge, deux équipages en arrêt, le mien et celui d'un grand diable, mi-citadin, mi-paysan, barbe noire, teint bazané, yeux d'orient énergiques et profonds. Manquent le fez et le burnous.

L'inconnu s'approche, et la main tendue :

— Ces messieurs montent à Pralognan ?

— Vous êtes Jean-Louis Favre.

— Ah ! sacré nom ! C'est qu'il n'y a plus de pain à la maison.

— Plus de pain ? Voyons, voyons ! Ne jouons pas aux charades. Débrouillons-nous, si faire se peut ! Vous êtes bien Jean-Louis Favre, maître d'hôtel à Pralognan, guide émérite, membre du Club-Alpin français, section de Tarentaise.

— Lui-même, de père en fils... Et vous allez coucher à Pralognan ?

— Comme vous voyez... avec mon guide Jules Bouillet, de la Grave.

— La Grave en Dauphiné... Jules Bouillet... Tiens ! tiens ! Je ne connais que ça... de réputation.

— Et réciproquement, riposte Jules, esquissant le plus chatoyant de ses sourires.

— Vous disiez, cher collègue, qu'il ne reste plus de pain à la maison ?

— Pas de quoi mettre *sous la dent d'un moineau* (textuel).

— Le radeau de la Méduse..., quoi ?

— Vous dites ?

— Ne faites pas attention.

— C'est que vous parliez de radeau... Pour lors, nous avons eu un tas de touristes... Ils nous ont dévalisés.

— Le pauvre homme !

— Et je m'en vais de ce pas à Moûtiers pour les provisions... Je serai de retour demain.

— Diantre ! En attendant la maison est fermée.

— Jamais !... Vous trouverez la femme et les bonnes.

— Mortes de faim, peut-être... Plus de pain !

— Plus de pain !!! répond l'écho ; Jules...

— Pour nous autres, il y en a toujours... celui que nous taillons à coup de marteau, mais, pour les Messieurs... pour vous. Ah ! c'est affreux.

— Allons, collègue, ne vous désespérez pas ! De la tenue et du sang-froid. Le pain des Messieurs, où le prenez-vous ? A Moûtiers ?

— Non, à Bozel.

— Eh bien !

— Eh bien !

— Sommes-nous à Bozel, ou n'y sommes-nous pas ?

— Il me semble que nous y sommes...

— Alors ! Vous avez un sac ?

— Le voici...

— Prenez votre sac... Entrons chez le boulanger... Faites votre pesée. Nous l'emporterons.

— Une idée que je n'aurais pas eue. Vous êtes un malin... vous !

— Parbleu ! Trinquerez-vous avec nous ?

— Deux fois plutôt qu'une. Je ne suis pas fier.

— Absolument comme moi... Combien d'ici à Pralognan ?

— Trois heures. Mettons en trois et demie, rapport aux Côtes.

— Mettons en quatre, pour le bon poids. Ce sera donc vers le coup de onze heures, hein ?

— Oui, bien près de onze heures passées.

— Et pour trouver l'hôtel, au milieu de la nuit ?

— Vous irez tant qu'il y aura de route devant vous, quand il n'y aura plus de route...

— C'est qu'il n'en pourra plus avoir.

— Et vous serez arrivé. Voilà ! Dernière maison à gauche. Frappez dur.

— Merci !

— Au revoir, Messieurs ! Bon voyage !

— Pas de commissions pour Madame Favre ?

— Pas que je sache ! Ah ! qu'elle ait grand soin de vous ! Un collègue ! Mâtin ! Ça ne plaisante pas.

— Ah ! J'oubliais... Le pain qui est dans le sac. Que pèse-t-il ?

— Trois kilos cinquante.

— Vous en êtes-sûr ?

— Pardieu !

— Faudra-t-il que Madame Favre le repèse à l'arrivée ?

— Pourquoi ?

— Dame ! Je ne sais pas. Je vous demande, moi...

— Le mot pour rire... Bonsoir ! Allons, hue ! Coco !

Les deux équipages se séparent enfin. Un quart d'heure après, le nôtre descend la côte de Bozel jusqu'au Doron descendu lui-même des glaciers de la Vanoise par le couloir de Pralognan.

Couloir est le mot en situation. Il s'ouvre à angle droit du vallon de Bozel exactement fermé. Pour racheter l'écart des niveaux , on a dû tracer une route en six lacets. — Autant d'étages. — Route creusée dans les rochers, étroite à faire trembler, protégée par des murs contre le danger des préci-. pices qui donnent le frisson. Au sixième étage, la trouée de Pralognan, et, dame ! on y entre, puisqu'on est venu pour entrer.

Je n'étais pas rassuré, non, Mesdames ! La nuit s'était faite, le reflet de la lune ne pénétrait pas encore dans la gorge. Aspect sinistre, silence de cloître. Par bonheur , nous avions deux lanternes outre nos anges gardiens, si bien qu'à onze heures quinze , nous sommes pris dans une souricière au fond d'un entonnoir sombre, cerclé de glaciers blancs. Ce doit être là. Plus de route frayée... Salut à Pralognan ! Nous frappons à tour de bras suivant le précepte du maître. Madame Favre se réveille effarée comme si le trombonne du jugement dernier éclatait à ses oreilles, lui chantant le *tuba mirum* du *Dies iræ*.

— Qui est là ? Mon Dieu !

— Touriste ! Club-alpin Français, section Lyonnaise.

— Sainte-Vierge ! Et Favre à Moûtiers...

— J'apporte des nouvelles fraîches.

— Et pas de pain !

— J'en apporte aussi... du frais... trois kilos cinquante... Vous reconnaîtrez, Madame Favre...

— Dieu soit béni ! La Marion, la Jeannette ! Debout, mes filles ! Trémoussons-nous !

Pralognan est une impasse, ce que nos ancêtres, Molière en tête, auraient appelé un cul-de-sac. Pour en sortir autrement que par la gaîne que nous venons de traverser, il n'y a que le sentier du col de la Vanoise, plus un autre casse-cou, le col de Chavières (2.800 mètres), tombant sur Modane, notre point de départ.

Redoutable cette Vanoise par la violence des tempêtes, redoutable à ce point que, dans les meetings de la Maurienne et de la Tarentaise, on donne ce nom de Vanoise aux bourrasques du Nord-Ouest puissantes à décorner les bœufs.

Avant cinq heures du matin nous laissons Pralognan, Madame Favre, Marion, Jeannette pour commencer l'escalade du col. Quelle escalade jusqu'à neuf heures ! Pâturages d'une effrayante stérilité, escarpements hérissés de rochers se tenant debout par miracle, champs de neige où poussent les grands poteaux indica-

teurs de la voie qu'il faut suivre, au col même trois
ou quatre lacs et encore sont-ce bien des lacs, ces
nappes minuscules, noires, mornes, sans transparence,
sans poissons ? Mais aussi, Mesdames, que d'imposantes
grandeurs dans ce massif de la Vanoise présentant vingt
cimes supérieures à trois mille mètres reliées ensemble
par une chaîne de glaciers dont les anneaux ne se sont
jamais rompus et ne se rompront jamais.

Je vous fais grâce, sachez m'en gré, de leurs noms
Savoyards à tous, moins un seul que je retiens : *Les
Grands-Couloirs.*

On appelle Grands-Couloirs deux sommets jumeaux,
avec une mer de glace mitoyenne ayant des privilèges
par dessus leur tête qui se dresse à 3.851 mètres.

Ces privilèges pour les deux pics sont, entr'autres,
d'avoir, jusqu'en 1860, résisté à outrance aux tentatives
des alpinistes les mieux trempés, les plus aventureux,
aux dénicheurs émérites des Alpes-Rosières.

Pour le glacier, de tomber en cascade tout d'une
pièce par un seul bond de quatre mille pieds... Prodigieux de hardiesse et de gymnastique.

Pour le groupe réuni, d'exhiber, ce que je n'ai vu
nulle part, des cordons de rochers noirs admirablement
alignés qui tranchent, en les divisant, sur le blanc mat
des couches supérieures... On dirait superposées les
touches d'ébène et d'ivoire d'un piano Pleyel... Quel
piano droit, mes enfants !

Privilège spécial au lundi 12 août 1878. Celui de nous
voir, moi et Jules, assis à une portée de fusil du glacier
témoin désintéressé du maigre déjeûner dû à l'érudition
culinaire de Madame Favre et de ses deux bonnes...

Vous, Mesdames ! en quête d'un cordon bleu, n'allez pas à Pralognan, je vous le conseille.

Tout en dévorant le gigot de cabri jusqu'au manche, on s'oriente, on devise.

— Jules ! Voilà bien les Grands-Couloirs...

— A ce que dit Monsieur... Moi, je n'en sais rien.

— Mais, ce que je ne trouve pas c'est le glacier de la Grande-Casse.

— Moi... pas davantage.

— Cependant la Grande-Casse est portée sur la carte de l'Etat-Major... Elle devrait être à droite...

— De la carte de l'Etat-Major ?

— Non... des Grands-Couloirs.

— C'est clair.

— Il nous faut la Grande-Casse...

— A tout prix...

— Moi d'abord, Jules ! Je ne m'en vais pas.

— Attendez donc, Monsieur ! Attendez donc... Voulez-vous me donner deux heures de vacances ?

— Pourquoi ?

— Pour grimper à cette pointe que nous tenons à notre gauche... Il doit se trouver quelque chose derrière.

— Jules ! C'est un jeu à se casser le cou. Non...

— Allons donc ! J'en ai vu bien d'autres.

— Vous le voulez ?

— Oui, Monsieur, avec votre permission...

— Soit... Allons, vas mon bon homme, vas ! Et un beau matin on te ramassera en morceaux au fond de quelque crevasse.

Jules saisit son piolet, se passe la corde au cou, me

serre la main; il me demande mon foulard pour l'agiter
en haut, et me prouver ainsi que l'obélisque est un piédestal dont il est, lui, la statue.

Je reste seul avec Nabou qui dort étendu sur un coin
de gazon rachitique et pelé... Solitude absolue, pleine
de charmes, de mélancolies, de terreurs même au sein
de cette nature implacable et sévère comme pas une.
Je me sens enterré dans un cimetière de glace et de
granit.

Nul autre bruit que le sifflement des marmottes. Pas
être humain à deux lieues à la ronde, sinon Jules que
je suis des yeux et de la longue vue dans les péripéties
de son ascension, Jules qui rampe, zigzague, se glisse
dans les cheminées, touche au pic, déploie le drapeau
blanc dont le prêt généreux me sera peut-être une
cause de rhume, puis, avec mille précautions, descend
émerveillé.

— Et la Grande-Casse?

— Trouvée, Monsieur! Trouvée! moins imposante
que les Grands-Couloirs, mais pas moins digne de notre
estime. Je serais même peu surpris qu'il y eût par là
quelque col aboutissant du côté de Tignes. Pas de
danger que la Grande-Casse se laisse deviner d'ici.
Elle se cache derrière mon pain de sucre comme une
fillette au sortir du bain.

— Taisez-vous, malheureux! Si on vous entendait?

— Qui?

— Le garde-champêtre de Pralognan, que sais-je?
Ah! vous savez? j'ai baptisé votre aiguille?

— Quel nom, Monsieur?

— Pic Bouillet!

— Tiens ! tiens ! Je ne suis pas fâché de passer à la postérité.

— En attendant la postérité... décampons !

Descente à Pralognan, adieux à la Vanoise, à Madame Favre, à ses deux soubrettes, la Jeannette et la Marion.

Bozel, Brides traversés à grand train, Moûtiers ou je profite du crépuscule pour visiter les monuments publics que je ne trouve guère, et faire la chasse aux photographies que je trouve moins encore. Chez le libraire de la sous-préfecture je demande pourquoi :

— Que voulez-vous, Monsieur, le soleil et les photographes ne peuvent jamais s'entendre pour venir *l'un quand l'autre*. Longues sont les stations, pénibles, quelquefois dangereuses... et si peu, si peu de débit !

Le libraire avait raison, dans ma semaine de flâneries, combien de touristes rencontrés. Sept à Bonneval. A Tignes, cinq. Et ce farceur de J.-L. Favre, dévalisé en son antre de Pralognan ?... le chiffre des noms, le mien compris, trouvés sur son livre d'or courant ?... quatorze ! vingt-six au total !!!

Je ne compte ni Juliette, ni son Roméo de Lans-le-Bourg et du Mont-Cenis, étant admis qu'ils devaient se livrer à d'autres contemplations que celles des Hautes-Alpes.

§ V. — COL DE LA MADELEINE

Très anodine, la course d'aujourd'hui 13 août. Rien de plus que le Col de la Madeleine, trait d'union entre la Tarentaise et la Maurienne, col de demoiselles à dix-neuf cent vingt-quatre mètres au dessus du niveau de la mer... pas les demoiselles !

Avant cinq heures, Jules tambourinait à ma porte. Café de rigueur, cigare-angelus du matin. Nous descendons la vallée de l'Isère qui forme un angle à Moûtiers même et se dirige sur Albertville, bonbonnière de sous-préfecture, neuve et pimpante.

Vous le croyez peut-être, Mesdames, je vais imiter l'Isère et prendre Albertville pour objectif... pas du tout. A certaine bourgade, *Aigueblanche*, coquette et souriante comme son nom, une conversion militairement exécutée introduit la caravane dans les méandres d'une gorge qui, de forêts en pâturages, d'ardoisières en steppes lui permet d'atteindre vers dix heures le passage voué à la sainte pécheresse de l'Evangile.

La sainte pécheresse y a son petit oratoire... naturellement, pas à colonnades ainsi que celui du boulevard à Paris, mais, dans la circonstance, bien autrement précieux.

C'est qu'il faisait une chaleur épouvantable. Au col pas un arbre, pas un rocher, des gazons et des gazons encore. J'avais un appétit de crocodile. Jugez de la chance, ô lectrices ! Trouver là, sous la main, cette modeste chapelle et son avant-toit pour *fainéantiser* à leur ombre, pour faire honneur aux chatteries culinaires de la bonne Madame Vizioz, et se livrer à l'étude du panorama qui, pour appartenir à ce col de deuxième classe, vaut mieux que son numéro d'ordre.

A gauche, la Tarentaise et ses pics, le Thuria, — cela va de soi. — le profil du Mont-Blanc dessiné, poussé du Bonhomme notre vieille connaissance savoyarde, jusqu'à la Dent du midi en plein Valais.

A droite, le groupe d'Allevard, le Gleizin, les sept Laux qui se laissent toucher au doigt. Sur les arrière-plans, aiguilles d'Arve, plus quelques notabilités de la chaîne du Pelvoux.

Pour mémoire, de-ci, de-là dans le voisinage immédiat, échantillons de neiges éparpillés.

Jules pleure de joie. Disciple de Mignon il aspire à revoir la patrie, et dame ! la patrie lui fait déjà risette à l'horizon.

Nous en étions à notre second flacon de piquette locale, lorsque de l'arête du col émergent deux êtres, inconnus, bras dessus bras dessous, l'un grand, robuste, haut en couleur — cinquante ans, — l'autre frêle, léger, sourire de la seizième année, un sylphe... Tableau de genre. Voici ce que c'est :

— A Saint-Jean de Maurienne il était une fois...

— Un roi et une reine, Monsieur le Conteur ?

— Non, Mesdames, nous n'en sommes plus au contes de Perrault... Il était un homme simple et croyant en Dieu, vieux garçon, riche, seigneur-suzerain de vastes pâturages à l'alpe de la Madeleine, et tuteur par surcroit d'une jeune orpheline, sa nièce.

Or, un jour, le chef des *Armaillis* (bergers), de l'homme simple et croyant en Dieu, lui vient annoncer que trois des vaches de l'Alpe sont *devenues* malades, qu'elles réclament sa présence, le vétérinaire, etc.

La petite nièce était en vacances. Elle ne connaissait pas le col de la Madeleine, la pauvrette! et grillait d'envie de faire sa connaissance. Tant de mines et de câlineries décochées à l'oncle et farouche tuteur, que l'ordre étant donné d'atteler la *Grise*, quatre personnages s'entassent dans le char à banc de la maison, la fillette, Mentor, l'armailli, le vétérinaire recruté au passage.

La Grise descend d'une traite à la Chambre.

La Chambre en Maurienne n'est pas l'une de ces boîtes parquetées, tapissées et plafonnées, décorées d'une armoire à glace, d'un lit à sommier, et de tout ce qu'il faut pour rêver ou dormir. Non, Mesdames! C'est un grand et beau village, chef-lieu de canton, ne vous déplaise! d'où bifurque le sentier du col de la Madeleine.

On ne se rencontre pas à deux mille mètres, sans offrir le partage de son dessert, si dessert il y a. L'oncle était bon diable, joyeux, de charmante compagnie. Emerveillée, la nièce et pupille se faisait présenter chaque pic avec nom et signalement à l'appui, battait des mains, et entre deux éclats de rires perlés, récitait agenouillée devant l'oratoire, un *Pater* et un *Ave* des plus fervents à la sainte Galiléenne.

Dites, ô bienveillantes lectrices! Mon col... N'avais-je pas toute raison de le baptiser *Col de demoiselles!*

Nous levons le campement. La descente en Maurienne se fait à nous cinq, Jules compris, jusqu'au chalet, ma foi! très confortable, de l'oncle et tuteur où nous trouvons l'artiste vétérinaire en tête à tête avec ses trois bêtes à cornes avariées... ses clientes.

En un tour de main, la nièce et pupille nous confectionne un café-crème à faire rougir de honte notre café Maderni. Suivent les poignées de main, les adieux, les serments de se revoir un jour... ou l'autre. L'expédition s'arrache enfin aux délices de la Capoue-savoyarde.

Du col à la Chambre l'inclinaison est assez douce pour me permettre Nabou. Mais aussi, quelle fournaise ! Le Sénégal en villégiature dans la Maurienne ! Si bien qu'un vilain diable de serpent noir s'avise de traverser le sentier et de venir jouer dans les jambes de mon coursier. Moi, j'ai l'horreur des reptiles. Brrr !

Jules, qui n'a peur de rien, court après le monstre, l'attaque à coups de piolet, se met en chasse et revient bredouille.

Au moment d'aborder la Chambre, une idée, un trait de génie jaillissent de mon cerveau surexcité par le petit vin blanc de Tarentaise, par le café de la sémillante pupille à son oncle, par le serpent, par le soleil.

— Jules ! Couchons-nous à Saint-Jean ?

— Comme voudra Monsieur.

— C'est que votre hôtel R... n'est guère élégant.

— Vous trouvez ?

— Les lits me font trembler.

— Pour ?

— Pour notre peau donc !

— Monsieur s'y connaît mieux que moi.

— Rude la journée de demain, m'avez-vous dit ?

— Deux grands cols, Saint-Jean d'Arve et Rachas, sans compter quelques mamelons assez *conséquents*.

— Bosses de polichinelle, n'est-ce pas ?

— Quelque chose dans ce goût-là.

— Que nous faut-il bien pour escalader Rachas, le Col d'Arve et les bosses intermédiaires ?

— Hum ! En doublant le pas, douze bonnes petites heures...

— Arrêts compris ?

— Non compris arrêts...

— Fichtre de fichtre ! Jules, que diriez-vous, si nous prenions ce soir un à-compte sur demain, si, faisant le Col d'Arve nous allions demander l'hospitalité chez Célestin Bellet, au village de la Tour ? Que diriez-vous ? hein ?

— Je dirais : fameux ! Mais ce serait dur pour Monsieur... A son âge...

— Laissez mon âge tranquille, Jules ! Il ne vous demande rien. En partant de Saint-Jean-de-Maurienne, à nuit tombante, je suppose sept heures, nous serions à la Tour avant minuit. Çà vous va-t-il ?

— Si çà va à Monsieur !

Nous envahissons à la Chambre le premier café en vue. Suffoqué par les laves de la canicule, je fais tirer deux bocks de bière fraîche pour combattre notre incendie laryngée, puis, équiper une voiture appelée à franchir les douze kilomètres alignés entre nous et Saint-Jean-de-Maurienne.

Ce qu'ils sont, Mesdames, ne le demandez ni à Plumette ni à son patron, ils ne pourraient vous le dire, ayant dormi les douze kilomètres du premier jusqu'au dernier.

Ici débute la promenade la plus étrange qu'ils aient faite dans les Alpes au cours de leur longue carrière montagnarde.

Nous partons au crépuscule du soir après avoir dîné et secoué la poussière de nos souliers ferrés au seuil de l'hôtel R... qui ne semble pas s'en émouvoir... Un peu plus, un peu moins. On nous montre une rue tortueuse, rapide, couronnée par un donjon gothique de fière mine encore; nous l'attaquons... la rue. A droite et à gauche de vastes excavations qui me donneraient la chair de poule si nous étions en pays de larrons. Carrières de gypse et de marbre.

Toujours la mise en scène traditionnelle en matière de cols alpestres. Quelques hameaux, des chalets, des bois, des pâturages, des rocs dentelés et croulants.

Mais, ce qui à onze heures du matin ne se trouverait pas, nous l'avons à onze heures du soir. Au ciel, des étoiles par millions, la lune à son maximum de plénitude et d'éclat, le silence auguste de la montagne. Nous deux, moi et Jules débrouillant les écheveaux du sentier, gravissant lentement ses lacets..., muets, taciturnes, émus, conspirateurs, oui, Mesdames, conspirateurs ou bandits venus là, non pour implorer de notre prochain la bourse ou la vie, mais pour surprendre les secrets d'une nuit d'élite dans les Hautes-Alpes.

Nous voici donc posant le pied sur l'étroite corniche du col d'Arve (1.800 mètres). Cri d'admiration en tierce

majeure ! A ce moment solennel, comme si elles montaient à nous des profondeurs d'une catacombe, les
vocalises d'un beffroi... Onze coups, onze heures !

— Belle heure, Monsieur Jules, pour courir la prétentaine !

— Et pour souper !

— Tiens ! Tiens ! Vous m'y faites songer... Qu'avons-
nous à l'office ?

— Nos économies. Le solde du jambon de R...,
une bouteille de Montmeillan.

— Parfait ! La température est douce, les constellations d'étoiles ne se comptent plus au ciel. Soupons sur
la terre, Jules, soupons et tirons le paysage au clair.

Oh ! Mesdames ! cette nuit féerique gravée à jamais
dans les fastes de toute une vie alpestre, je voudrais
vous en tracer l'esquisse. Pardonnez-moi ! Lui aussi, le
style a ses défaillances.

Un immense carré de vingt kilomètres sur l'un des
côtés, le moins pittoresque, celui des noctambules et des
soupeurs. A leur gauche les aiguilles d'Arve, deux
chandeliers d'autel, la Croix au milieu, trois pics géométriquement alignés, leurs glaciers en écharpe tenant
pour inviolables leurs trois mille cinq cents mètres,
violés pourtant à de récentes échéances et... tenez... il
n'y a pas plus de quarante-huit heures, dit-on, par
l'éminent et sympathique alpiniste M. Coodlige.

Sur la droite, la chaîne des Grandes Rousses.

— Avez-vous jamais vu ? — Je suis un niais de le
demander à vous, gracieuses lectrices ! ayant vu tant de
choses ; je le demande tout de même, — avez-vous, en
quelque église gothique, celle de Brou, par exemple,

contemplé châtelaines, princesses ou reines, taillées dans le marbre blanc, couchées tout du long sur un soubassement de porphyre ou de granit. Derrière la tête de haute et puissante dame, son écusson armorié que soulève deux petits anges aussi joufflus que sans chemise. Sous ses pieds un grand lévrier la queue en trompette... symbole de la fidélité.

— Oui, nous avons vu cela, Monsieur le Conteur, après ?

— Après, bien-aimé public ? Voilà mes Grandes-Rousses. Un mausolée aux bases granitiques. Par-dessus, uniforme, à peine bossué par quelques saillies, un blanc suaire, un manteau de neiges et de glaces.

J'oubliais de le dire : le cénotaphe mesure, de la tête aux pieds quelque chose comme dix kilomètres et 3.473 mètres du sol au pic de l'Etendard, son point culminant.

Troisième côté du parallélogramme, celui de face, au premier plan un fouillis de collines, de gorges, de ravines et de tranchées creusées entre la Maurienne et la vallée de la Romanche en pays d'Oisans.

Au second plan, dominant toute cette maçonnerie, ces forteresses, ces embrasures, que sais-je ? là-bas, au fond, les artistes en vedette de la troupe des Alpes Dauphinoises, la Meige, les Ecrins, le Mont Salvador-Guillemin, vingt autres colosses blancs, noirs, droits, tordus, disloqués, appuyés sur leurs névés monstrueux... la lune glissant sur tout ce monde étrange avec des glacis nacrés et des miroitements d'acier.

Oh ! Mesdames et collègues, que Dieu conserve longtemps encore à votre vieux rapsode le souvenir de son col d'Arve, de Jules à ses côtés, de Nabou qui broute en plein gazon, des géants qui regardent, faisant sur notre compte toutes sortes de cancans, se disant peut-être entre eux : Que diantre manigancent-ils là-bas, ces deux galopins ? A minuit ! si nous allions chercher la maréchaussée ?

Comme décemment je ne pouvais coucher à dix-huit cents mètres, même sous des lambris d'étoiles, je rengaine l'enthousiasme et me précipite *sur* la Tour.

La Tour est le chef-lieu municipal de Saint-Jean-d'Arve, commune des plus riches en hectares du territoire français. Toute une fourmilière de hameaux groupés autour de la capitale qui compte dans ses murs six monuments : église, mairie, école, gendarmerie, épicerie, auberge... pas de notaire ! Positivement, cela manque de prestige.

Minuit ! tapage nocturne à la porte de l'osteria qui reste sourde à nos appels. Les chiens s'en mêlent. Ils prêtent leur *bienveillant* concours à cette symphonie de gros mots et d'injures inénarrables que se jouent, dans les tonalités les plus fausses, touristes et patron prêts à s'entredévorer.

Le calme succède à la tempête. On finit par s'entendre. Portail ouvert à deux battants, vin chaud, lit de camp. Repos provisoire et sujet à des intermittences.

Le soleil se lève radieux sur le mercredi 14 août, dernier jour de l'expédition. A cinq heures, soupe improvisée, fumante, julienne de choux au lard. La journée sera rude. Le clou du programme est l'assaut du col de de Rachas (2.600 mètres), invention récente de Paul Guillemin, qui m'en a développé la théorie, mais s'est bien gardé, le sournois, d'en poursuivre l'application.

Voilà pourquoi, soucieux, Jules improvise un discours sur Rachas et ses difficultés :

— Sur ces dernières pentes que Monsieur devra peut-être escalader à pied, tout à fait à pied, en simple fantassin.., sur Nabou qu'il *estime* incapable de porter Monsieur... Ce sera même très beau s'il réussit à se porter lui-même..., qu'alors...

— Alors, il nous faut un guide de renfort...

— Précisément !

— Eh ! s... bête ! Pourquoi ne pas le dire ? Vous êtes là, tournant autour de la question comme...

— Un imbécile !

— Je sors de vous le dire..., sous une autre forme... Allons, mon ami, vite, courez après un second clerc, notre bougie se brûle aux rayons du soleil.

Dix minutes d'attente. Le guide-adjoint fait son entrée. Savoyard colossal, planté dans de gigantesques sabots d'un blanc de crème à réjouir les yeux..., sabots du dimanche sans conteste.

C'est égal, attaquer le Rachas à coups de sabot... quelle gloriole ! quelle fatuité !

La caravane en route marche coude à coude avec les Grandes-Rousses dont les glaciers nous aveuglent. Croyant se faire beaux par le soleil, lui, les fait plus blancs que nature. Les aiguilles d'Arve ne tardent pas à se cacher derrière un contrefort du Goléon, autre passage moins abordable que Rachas, et parfaitement interdit aux cavaliers.

Premier col..., nous en faisons une bouchée. Second

col, on s'en tire cahin-coha... Deux faux cols en somme. Troisième col — pour le coup nous sommes *collés*. — Que Jéovah me pardonne cet ignoble calembourg ! collés ainsi que des mouches contre une série de ravines glissantes et pâteuses, de couloirs en mortier frais à gravir, à descendre, à escalader encore de plus belle.

Jules a perdu sa voie... la bonne. Absence de sentiers et de poteaux indicateurs. Attachés à la corde, nous montons, nous montons toujours, crispés, énergiques, sans souci du vide qui se creuse sous nos pieds, et finalement à midi quinze on prend possession du col de Rachas, le seul et unique, le seul breveté par P... G... Oui, Mesdames, possession dans le genre horizontal, autrement dit, couchés comme deux lézards au pied d'une falaise chauffée à blanc.

Et Nabou ?... Et le Savoyard ?

Le Savoyard et Nabou ?... Ils avaient dû, gracieuses collègues ! suivre un autre *tracé*... Lequel ? on ne le saura jamais. Depuis un quart d'heure nous les attendions sans que rien vînt signaler leur présence. Nous allions mettre à l'ordre du jour et discuter la question de sinistre, d'accident et de sauvetage, lorsque du revers de la montagne partent un carillon de *clochetailles* les sonnettes de Nabou et des roulements de sabots, les bottines du Savoyard... En quel état, Bon Dieu ! Sabots passés du blanc au gris le plus lugubre, avec bordages enfoncés... Sabots à jeter au feu.

Bonheur de se revoir ! Refrain d'une antique romance d'autant mieux en situation que souillé de vase, haletant et philosophe toujours, Nabou portait sur sa robuste échine, non plus César et sa fortune, mais le plaid de César, son sac et son déjeûner.

Belle avant-scène, le Rochas ! Droit au-dessous le plateau de Paris qui n'est pas plus un Paris qu'un plateau, mais un honnête pic, sans prétentions (2.467 mètres). A ses pieds la crevasse au fond de laquelle mugit la Romanche, torrent des plus mal notés. Au delà, l'immense glacier du Mont-de-Lans, l'Aletsch des Alpes Dauphinoises, et cette forêt d'aiguilles, de cônes neigeux, de sommets déchirés saisis hier du col de la Madeleine, revus cette nuit dernière à la clarté de la lune, à mi-distance au col d'Arve et qu'à cette heure nous serrons d'assez près, pour leur envoyer la fumée de notre pipe et les faire éternuer.

Concevez-vous, Mesdames, l'éternuement de la Meige ? cette Meige indomptable, pourtant domptée d'abord par M. de Castelnau, et pas plus tard qu'hier ayant reçu deux cartes de visites au nom de Salvador de Quatrefages et Paul Guillemin.

D'où je suis, la Barre des Ecrins se voit peu et mal, ce qu'il faut aux Ecrins, c'est le col du Galibier, plus à l'est, grande persienne ouverte à 2.658 mètres pour mettre face à face, là le Mont-Blanc et sa cour, ici l'une des plus belles, des plus harmonieuses créatures des Alpes, avec l'Orteler en Tyrol, le Weisshorn au Mont-Rose et la Yungfrau dans l'Oberland... les Ecrins qui sont à toi seul, ô France ! de la base au sommet, tout, compris même ce prodigieux éventail de glace qui déploie glorieusement ses ailes à 4.103 mètres maximum d'altitude concédé aux Alpes Dauphinoises.

Sans compter que du Galibier le Viso se présente avec

un incroyable aplomb. Sans compter enfin la route stratégique offerte par le gouvernement à l'artillerie, aux
voitures, aux cavaliers, même en 1877, aux piétons tels
que moi.

Une heure quarante? déjà! Les montres avancent au
Rachas. La table est levée, le guide Savoyard insiste
pour nous escorter jusqu'aux Grandes-Buffes, groupe de
chalets très nauséabonds. Là se font les adieux. Les
sabots sont largement indemnisés. Un Victor-Emmanuel
de cent sous est accepté par mon Savoyard tant pour
honoraires qu'en mémoire de son ancien souverain, et,
pour mot de la fin, nous nous souhaitons toutes sortes
de joies et de prospérités aussi bien en ce monde qu'en
l'autre.

Quatre heures trente! La Grave! Hôtel Juge, vin
d'honneur, dîner pantagruélique, pipes et cigarettes
de réjouissance, accolade à Jules mis en disponibilité,
le lit, douze heures de sommeil !

Paul Guillemin, qui devait m'attendre jusque vers
quatre heures, avait perdu patience à quatre heures
cinq et s'était dérobé par la grande route du Lautaret.

Jeudi 15 août. Fête carillonnée à ce Lautaret. Au
seuil de l'hospice mon premier soin est de courir sus à
Guillemin, mon second de l'embrasser, mon troisième
d'éclater, sur sa fugue de la veille, en reproches san-
glants évoqués du *Dictionnaire de la langue verte*,
alors en préparation. Et, savez-vous ce que le drôle
me répond ?

— Ne vous voyant pas à quatre heures, je vous ai
cru f...

Vous n'auriez pas dit cela, Mesdames ? N'est-il pas vrai ?

Ici, je rentre dans le monde par le festival du Lautaret (2.057 mètres), banquet, toasts traditionnels, musique, feu d'artifice... toutes choses plaisantes et très réussies... — D'accord. Mais... mais ce n'est plus la solitude, le vagabondage, la sainte poésie des Alpes, la pensée qui vole, l'âme qui bat des ailes, le cœur réunissant dans un faisceau de tendresses et ceux qui nous aiment et ceux que nous aimons.

RÉSUMÉ

Maurienne. — Pauvre et chère vallée, si mélancolique, trop peu connue.

Tarentaise. — Perle de la Savoie. — Je cherche une rivale à notre haute vallée de l'Isère, et ne la trouve qu'au Tyrol, sur les rives de l'Adige entre Trente et Méran.

Types. — Les Sarrazins ont dû passer par là.

Croix. — Partout : aux angles des chemins, aux sommets des pics, au cou des savoyardes... Celles-ci peuvent manquer de robes de soie..., de croix en or, en argent, en cuivre, jamais, jamais !

— Ombres aux tableaux. — Et, de ces emblêmes religieux, si le plus grand nombre charme le cœur et les yeux, d'autres, hélas! par centaines, attirent les larmes et donnent le frisson !... Croix de bois plantées le long des gorges, des torrents, des sentiers de la montagne. Elles disent l'avalanche, elles attestent la tourmente de neige, elles témoignent des écroulements de rochers...

Lamentables témoignages, Mesdames! Car si les Alpes ont leurs élus, les Alpes ont aussi leurs réprouvés et leurs martyrs.

— Budget des dépenses : 482 fr. 50 c. aller et retour, tout compté, même l'omnibus qui ramène à leur porte Plumette et le chef de l'expédition.

TABLE DES MATIÈRES

Bourg, imprimerie VILLEFRANCHE.

VERITE
PROBITE
1696

www.ingramcontent.com/pod-product-compliance
Ingram Content Group UK Ltd.
Pitfield, Milton Keynes, MK11 3LW, UK
UKHW022159120726
13694UKWH00002B/367